LE
Catholicisme aux États-Unis

DE L'AMÉRIQUE DU NORD

PAR

M. A. ANDRÉ

Supérieur du Séminaire Universitaire de Lyon

TOME SECOND

PARIS

LIBRAIRIE BLOUD & Cie

4, RUE MADAME ET RUE DE RENNES, 59

1905

SCIENCE ET RELIGION

Études pour le temps présent. — Prix 0 fr. 60 le vol.

29 **L'Attitude du catholique devant la science,** par G. FONSE-
GRIVE.. 1 vol.
30 *Du même auteur :* **Le Catholicisme et la Religion de l'Es-
prit** .... 1 vol.
31 **Du Doute à la Foi,** le besoin, les raisons, les moyens, le devoir,
la possibilité de croire, par le R. P. TOURNEBIZE, S. J., avec lettre-
préface de M. F. COPPÉE, de l'Académie française........ 1 vol.
32 **La Synagogue moderne,** sa doctrine et son culte, par A.-F.
SAUBIN.. 1 vol.
33 **Evolution régulière et Immutabilité de la doctrine reli-
gieuse dans l'Eglise,** par M. PRUNIER, supér. du grand sémi-
naire de Séez.. 1 vol.
34 **La Religion spirite,** son dogme, sa morale et ses pratiques,
par I. BERTRAND.. 1 vol.
35 **L'Hypnotisme franc et l'Hypnotisme vrai,** par le Docteur
HÉLOT... 1 vol.
36 **Convenance scientifique de l'Incarnation,** par Pierre COUR-
BET... 1 vol.
37 **L'Eglise et le Travail manuel,** par M. l'abbé SABATIER, du
clergé de Paris .... 1 vol.
38 **L'Inquisition,** son rôle religieux, politique et social, par G. RO-
MAIN... 1 vol.
39 **L'Hypnotisme et la Science catholique,** par A. JEANNIARD
DU DOT.. 1 vol.
40 **Unité de l'espèce humaine,** *prouvée par la similarité des
conceptions et des créations de l'homme,* par le marquis DE NA-
DAILLAC.. 1 vol.
41 **Le Socialisme contemporain et la Propriété. —** *Aperçu
historique,* par M. Gabriel ARDANT.................................. 1 vol.
42 **Pourquoi le Roman immoral est-il à la mode et pourquoi
le Roman moral n'est-il pas à la mode ?** *Etude sociale et
littéraire,* par G. D'AZAMBUJA....................................... 1 vol.
43 **Opinions du jour sur les peines d'Outre-tombe.** *Feu méta-
phorique. — Universalisme. — Conditionnalisme. — Mitigations*
par le R. P. TOURNEBIZE, S. J.. 1 vol.
44 **Le Talmud et la Synagogue moderne,** par A. F. SAUBIN.   1 vol.
45 **L'Occultisme ancien et moderne. —** *Les mystères religieux de
l'antiquité païenne. — La Kabbale maçonnique. — Magie et
Magiciens fin de siècle,* par I. BERTRAND .... 1 vol.
46 47 *L'Evolution est-elle une loi générale de la vie ?* **L'Homme et
le Singe,** par le marquis DE NADAILLAC.   2 vol. Prix : 1 fr. 20
48 *L'Ordre de la nature et le Miracle,* **Faits surnaturels et Forces
naturelles, chimiques, psychiques, physiques,** par le R. P. DE
LA BARRE, S. J... 1 vol.
49 **Comment se sont formés les Evangiles.** *La Question synop-
tique. — L'Evangile de saint Jean,* par le P. Th. CALMES, professeur au grand séminaire de Rouen.................................. 1 vol.
50 **L'Hypnotisme transcendant en face de la philosophie
chrétienne,** par A. JEANNIARD DU DOT................................ 1 vol.
51 **L'Impôt et les Théologiens.** *Etude philosophique, morale et
économique,* par le comte DOMET DE VORGES........................... 1 vol.
52 **Nécessité mathématique de l'existence de Dieu.** *Explica-
tions. — Opinions. — Démonstration,* par René de CLÉRÉ.   1 vol.
53 **Saint Thomas et la Question juive,** par Simon DEPLOIGE,
professeur à l'Université catholique de Louvain......... 1 vol.
54 **Premiers principes de Sociologie catholique,** par l'abbé
NAUDET, professeur au Collège libre des sciences sociales.   1 vol.
55-56 **Le Déluge de Noé et les races Prédiluviennes,** par
C. de KIRWAN...   2 vol. Prix : 1 fr. 20

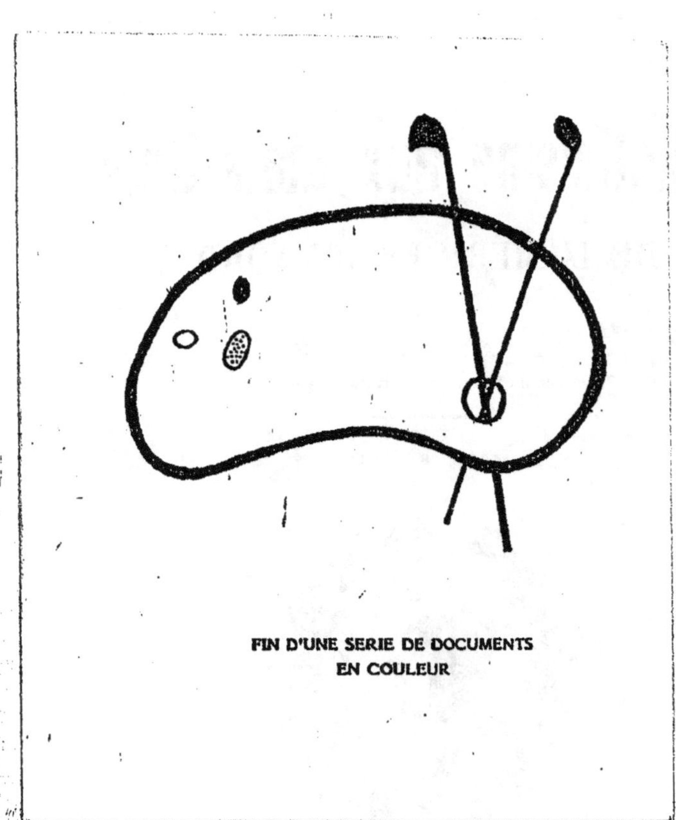

FIN D'UNE SERIE DE DOCUMENTS
EN COULEUR

SCIENCE ET RELIGION
Études pour le temps présent

LE
Catholicisme aux États-Unis

DE L'AMÉRIQUE DU NORD

PAR

M. A. ANDRÉ

Supérieur du Séminaire Universitaire de Lyon

TOME SECOND

PARIS

LIBRAIRIE BLOUD & C^le

4, RUE MADAME ET RUE DE RENNES, 59

1905

Le Catholicisme aux Etats-Unis
DE L'AMÉRIQUE DU NORD

DEUXIÈME PÉRIODE

LE PROGRÈS ET L'AFFERMISSEMENT DE L'ÉGLISE DEPUIS LE PREMIER CONCILE PROVINCIAL DE BALTIMORE JUSQU'AU DEUXIÈME CONCILE NATIONAL. 1829-1866.

Premier article. 1859-1852

L'Eglise et l'Américanisme. (1)

L'année 1829 marque un tournant dans l'histoire des Etats-Unis. D'une part l'élection du président Jackson (2), accentue encore l'esprit démocratique dans les institutions du pays, et le suffrage universel s'implante dans la plupart des Etats. D'autre part, la République américaine atteint un degré de puissance matérielle et de prospérité probablement sans exemple dans l'histoire des nations. La population, dans l'espace de quarante ans, depuis la

---

(1) Le mot Américanisme a ici un tout autre sens que celui qu'on y attache aujourd'hui. Il ne signifie point l'ensemble des erreurs que le souverain Pontife a condamnées sous ce nom, mais un parti politique et protestant, qui, se prétendant national, s'opposa au catholicisme sous le prétexte que les catholiques, pour la plupart irlandais, étaient étrangers aux pays et insoumis à sa constitution.

(2) Voir sur cette altération de la première constitution des Etats-Unis Claudiot Janet. *Les Etats-Unis contemporains*, vol. I ch. I. I

formation du gouvernement fédéral de 1789, s'était élevée de quatre millions à quatorze millions d'âmes. De nouveaux Etats avaient été créés dans le vaste territoire qui s'étend des montagnes de l'Est au Mississipi. Une nation nouvelle venait de se créer dans l'ouest.

Toute cette prodigieuse expansion ou plutôt cette transformation d'un peuple demandait à l'Eglise des initiatives puissantes. La nécessité d'une prompte adaptation à des besoins nouveaux allait-elle être sans danger ? L'immigration européenne, irlandaise en grande partie, commençait à verser ses flots pressés sur le Nouveau Continent au point d'exciter la jalousie des premiers colons anglais, les puritains. Ce fut l'origine du mouvement connu sous le nom de « *Native americanism* » (1) dirigé d'abord contre les étrangers, mais qui devint bientôt, sous l'influence de préjugés religieux, une opposition systématique au catholicisme accusé d'être antinational. Cet antagonisme violent caractérise l'époque dans laquelle nous entrons. Le spectacle des luttes que l'Eglise américaine eut à soutenir pour s'enraciner dans un pays qui persistait à la regarder comme étrangère et subversive ne manque pas de grandeur et met bien en lumière l'esprit qui l'animait.

La guerre fut naturellement préparée par la presse protestante ; nous en trouvons une preuve dans le concile que Mgr Whittfield tint à Baltimore en 1833. L'objet principal des délibérations de cette assemblée fut l'élaboration d'un plan à présenter au Souverain Pontife pour la nomination des évêques aux sièges vacants. Le pape Grégoire XV par la bulle « Benedictus Deus », 1834, prescrivit le mode d'élection des premiers pasteurs des diocèses. Cette discipline n'étant plus en vigueur aujourd'hui, nous la passons

_____

(1) Ce mouvemente st aussi désigné par le nom de *Know Nothingism*. Ce mot difficile à traduire signifie : système de non-connaissance. C'était une espèce d'agnosticisme social et religieux par lequel les prétendus patriotes voulaient expulser les catholiques qu'ils désignaient sous le nom d'étrangers.

sous silence ; mais, pour la première fois, une lettre pastorale fait entendre une note de tristesse et sonne comme un glas d'alarme. Elle exhorte les catholiques à souffrir patiemment les attaques d'une presse impie et à ne donner eux-mêmes aucun prétexte aux injustices de leurs ennemis. « Nous vous engageons à ne point prêter l'oreille aux incitations des journaux, mais à continuer en même temps que vous servez Dieu avec fidélité, à remplir honnêtement et avec affection vos devoirs envers le gouvernement sous lequel nous vivons, de telle sorte que nous puissions, en union avec nos concitoyens, maintenir cet édifice de liberté raisonnable dans lequel nous trouvons la protection qui nous est due. Nous remarquons avec regret que les méfiances de quelques-uns des chefs de la presse s'accentuent chaque jour. Ils sont injustes envers l'Eglise. Non seulement ils calomnient nos croyances, et répètent contre nous les accusations cent fois réfutées en d'autres temps et dans d'autres pays, mais ils nous dénoncent, vous et nous, comme les ennemis des libertés de la République et proclament la nécessité imaginaire d'arrêter nos progrès. Ce n'est ni notre principe ni notre pratique de rendre le mal pour le mal, attaques pour attaques ; nous vous exhortons à n'y répondre qu'en faisant le bien, car, c'est à quoi vous êtes appelés : *in hoc vocati estis.* »

Une véritable persécution sévit bientôt dans les différentes provinces. Elle éclata en 1834 dans la Nouvelle-Angleterre, centre du Puritanisme. Sous le prétexte de protéger ou de venger une novice à l'occasion de prétendues violences commises contre elle, le couvent des Ursulines de Charleston fut livré aux flammes. Aussitôt journaux et ministres protestants se mirent à répéter les calomnies les plus fantaisistes contre les religieuses. Dans tous les temples, particulièrement dans les temples méthodistes, on tonna contre les abominations de Rome. La guerre civile fut sur le point d'éclater à Boston entre les catholiques irlandais prêts à venger l'insulte faite à leur religion et les fanatiques qui parcouraient les rues. La cathédrale, la maison des sœurs de charité, plusieurs églises, des propriétés ecclésiastiques faillirent être détruites par le feu. La lutte s'étendit même à plusieurs villes voisines. Un cimetière catholique de Lowell fut profané ; à Wareham une maison où l'on disait la sainte messe fut saccagée. L'impunité accordée aux émeutiers de Boston encourageait les autres. Vinrent ensuite les scandales habilement suscités et exploités par les ennemis de l'Eglise. Une fille de mœurs dissolues, Maria Monck, sortie d'une maison de refuge, parcourut le pays sous la protection de quelques fanatiques influents afin d'exciter l'esprit public contre les couvents et les institutions religieuses. En une année cinquante mille exemplaires du livre infâme « *six months in a convent* » furent vendus. « *Maria Monck* », autre livre abominable, eut une publicité énorme. A Philadelphie, en 1843, deux églises catholiques et un pensionnat de jeunes filles furent brûlés au milieu des applaudissements d'une foule en délire. Le prétexte spécieux de cette révolution religieuse dans une ville qui s'était toujours enorgueillie de son esprit de tolérance fut une simple requête adressée par l'évêque aux autorités civiles pour obtenir que les enfants catholiques pussent, dans les écoles, se servir de leur bible, sans être obligés de prendre la bible protestante. Mgr Kenrick ne faisait en cela que réclamer le bénéfice de la Constitution, qui garantissait la liberté de conscience et s'opposait à la prédominance de tout esprit sectaire. Les protestants ne voulurent voir au contraire dans la pétition épiscopale que complots romanistes. Le sang coula. Vingt personnes furent tuées et d'autres grièvement blessées. Les maisons des catholiques furent pillées et livrées aux flammes en présence de la police inactive. Deux cents familles, dit la Revue « *The catholic World* », *mars* 1876, furent réduites à la misère. New-York n'échappa qu'à grand peine à de sanglantes collisions, grâce à l'énergie de son archevêque,

Mgr Hughes. La question des écoles, dans cette dernière ville, surexcitait encore les colères de la population protestante. D'après le *school act* de l'assemblée législative de l'Etat de New-York, les écoles catholiques devaient recevoir leur quote-part de fonds publics; mais, peu à peu, une association sectaire avait fini par les exclure de la distribution des ressources communes. Les pétitions des fidèles, la fameuse défense des droits de l'Eglise devant le gouvernement par Mgr Hughes ne purent obtenir pleine justice. Les passions religieuses étendaient de plus en plus leurs néfastes influences.

Les Evêques ne crurent point devoir changer leur mode de résistance. A leur avis, il fallait, pour arriver au triomphe, rendre la vie catholique de plus en plus intense par les conciles, tout en prémunissant les fidèles contre l'esprit sectaire. L'église avait besoin plus que jamais de réunir ses forces contre le danger, sans cesser pourtant de se développer au milieu du prodigieux accroissement de la nation. Telles furent les raisons qui motivèrent une série de conciles provinciaux dont le salutaire écho alla se répercuter dans de nombreux synodes diocésains. Heureux le pays, où l'Eglise peut librement convoquer ses assemblées épiscopales et faire sans crainte son œuvre d'organisation religieuse ! Ces conciles portèrent partout des fruits de paix et de vie chrétienne, non seulement en établissant dans tous les Etats une discipline uniforme, à la fois simple et solide, mais encore en attirant l'attention de milliers de protestants de bonne foi, désireux de savoir quelle était cette Eglise dont tant de bonnes volontés se faisaient un bonheur de reconnaître et d'aimer l'autorité et le pouvoir. Une force en jaillit devant laquelle les ennemis se trouvèrent impuissants.

Les conciles américains contiennent tous deux parties bien distinctes : celle de la discipline proprement dite, et celle de l'organisation de nouveaux diocèses. On n'y discuta point de matières de dogme, on ne s'y occupa point de politique, de résistance positive aux attaques dont l'Eglise ne cessait d'être l'objet ; il fut surtout question des mesures à prendre pour assurer, dans les fidèles comme dans le clergé, une pratique plus efficace des vertus chrétiennes. D'une assemblée à l'autre on peut suivre et l'épanouissement progressif de l'esprit catholique et le développement régulier de l'épiscopat. Rarement les décrets disciplinaires formulent un ordre sanctionné par des peines ecclésiastiques, ils expriment plutôt un désir ou tracent une direction. Avec un désintéressement peu ordinaire, les Pères des Conciles se prêtèrent constamment à la diminution de leur propre territoire pour former de nouveaux centres d'action et de combat. Ils mirent la même généreuse délicatesse à choisir les candidats qu'ils proposèrent au Saint-Siège. Grâce à leurs sollicitudes, les premiers pasteurs de l'Eglise aux Etats-Unis, dans cette période d'activités apostoliques, furent tous des hommes remarquables par leur zèle, leur science, et leur patriotisme. Une simple nomenclature de ces assemblées législatives suffira pour nous donner une connaissance plus intime de l'Eglise américaine.

Le second concile provincial se tint en 1833, sous la présidence de Mgr Whittfield ; il est considéré comme la suite et l'achèvement de celui de 1829. Rome reçut de lui la demande de la création des évêchés de Vincennes et de Détroit. Ce dernier diocèse, situé dans l'état de Michigan, théâtre fameux des missions françaises au xviie siècle, fut longtemps administré par M. Badin, premier élève de Saint-Sulpice ordonné en Amérique. Le diocèse de Vincennes, détaché de celui de Louisville ou de Bardstown devait embrasser l'Etat d'Indiana et la partie Est de l'Illinois. Il fut confié à Mgr Bruté, prêtre de Saint-Sulpice qui avait accompagné Mgr Flaget aux Etats-Unis en 1808. « J'ai trouvé pour cathédrale, écrivait le saint prélat quelque temps après, un bâtiment en briques assez vaste, de 115 pieds de long sur 50 de large, mais entièrement nu. Il n'était pas même plâtré. Un pauvre autel en bois, sur lequel se trouvaient six chandeliers et un crucifix donnés par l'ancien gouverneur français, constituait tout l'ameublement de l'Eglise. Mon clergé se composait de quatre prêtres, la population catholique s'élevait à ving-cinq mille âmes disséminées sur une superficie de territoire égale à celle de la France. J'ai fait en quelques mois plus de mille lieues à cheval. Une seule visite aux quatre mille Indiens m'a fait parcourir plus de deux cents lieues. Tout m'est demandé : églises à construire, écoles à fonder, clergé à recruter ! » Mgr Bruté se mit à l'œuvre et devint par l'héroïsme de son apostolat le digne émule des Maréchal et des Flaget. A sa mort, cinq ans après, en 1840, il laissait dans son diocèse vingt-sept églises, trente chapelles de station, plus de vingt-cinq prêtres, un séminaire, un couvent et deux institutions de charité. Plusieurs évêques français comme Mgr de la Hailandière en 1840, Mgr Bazin en 1847, Mgr de Saint-Palais en 1849 ont occupé ce siège épiscopal. C'est dans ce diocèse qu'un jeune prêtre de la Congrégation de Sainte-Croix vint ouvrir en 1842 une école devenue depuis lors la florissante Université catholique de Notre-Dame.

De 1837 à 1862, sous la direction du nouvel archevêque de Baltimore, Mgr Eccleston, successeur de Mgr Whittfield, se tinrent dix autres conciles provinciaux. Chacun de ces conciles obtint de Rome l'érection de nouveaux sièges. Huit évêques furent présents à celui de 1837. Les dix canons qui composent sa législation traitent tour à tour des titres d'ordinations, du devoir des fidèles à pourvoir par leurs offrandes à la subsistance de leur clergé, du cérémonial et des rubriques, du rituel, des propriétés ecclésiastiques, des quêtes dans les églises, et du chant Grégorien. Les Pères proposèrent la création des évêchés de Nashville dans le Tennessee, de Natchez dans le Mississipi, et de Dubuque dans l'Iowa. La quatrième assemblée épiscopale

se réunit le 14 mai 1840. Treize évêques furent présents.
Dix décrets furent portés sur les mariages mixtes, le droit
des Ordinaires de changer les pasteurs, le tarif du casuel,
la comptabilité des paroisses, les régistres d'ordination,
les sociétés secrètes, l'éducation des enfants, la célébration
des dimanches et fêtes, et quelques points de morale chrétienne. A ces diverses lois les membres des conciles joi-
gnirent un règlement pour la transmission des propriétés
ecclésiastiques des diocèses et des communautés. A la
suite du cinquième concile tenu en 1843, et composé de
seize évêques, le Souverain Pontife érigea les sièges épiscopaux de Little Rock dans la partie ouest de l'Arkansas, de
Chicago dans l'Illinois, de Milwaukee dans le Wisconsin,
de Hartford dans le Connecticut, et confia au zèle de Mgr
Blanchet le vicariat apostolique de l'Orégon, qui s'étendait
au sud jusqu'à la Californie mexicaine, au nord jusqu'à
la province russe de l'Alaska, à l'est jusqu'aux montagnes
Rocheuses. Les onze décrets de ce concile vinrent corro-
borer l'œuvre de discipline ecclésiastique et seconder les
travaux d'apostolat devenus de jour en jour plus pressants
et plus multiples.

Entre temps le flot persécuteur de l'*américanisme* mon-
tait, et le public protestant conservait, sous l'influence
d'une presse haineuse, ses préjugés hostiles à l'Eglise. Le
parti du *Know-Nothingism* (1) triompha en 1854 dans le
Kentucky et dans le Massachussett ; comme nous le verrons
plus loin, il réunit douze mille voix dans l'Etat de New-
York. Des émeutes sanglantes eurent lieu à Saint-Louis
dans le Missouri, à Newark dant l'Etat de New-Jersey, et
à la Nouvelle-Orléans ; en 1855, les rues de Louisville
furent inondées du sang des citoyens d'origine étrangère.
Des hommes et des femmes furent massacrés, des maisons
pillées et incendiées, et cinq personnes au moins périrent
dans les flammes. Le catholicisme se trouvait donc sérieu-
sement menacé dans son existence sociale.

(1) Ce mot qui ne peut être traduit en français a le même sens
que celui de (*Native Américanisme*).

La question de la diffusion de la presse catholique commence à cette époque à devenir l'objet des recommandations réitérées de l'épiscopat. « Nous nous fions à vous, disait la lettre pastorale du cinquième concile adressée à tout le peuple chrétien, pour la réfutation de ces viles calomnies qui circulent partout contre notre sainte religion. Votre fidélité de citoyens, votre obéissance aux lois, votre respect des fonctionnaires, votre intégrité de vie serviront à confondre ceux dont toute l'industrie est de répandre des soupçons sur nos principes et d'évoquer contre nous les pires passions humaines. »

Le 6° concile tenu en 1846 se composait de vingt-trois évêques. C'est dans cette imposante réunion que les prélats, à l'unanimité, choisirent la bienheureuse Vierge Immaculée pour patronne de l'Eglise aux Etats-Unis. La différence de tactique entre les chefs vénérés du catholicisme et les ministres protestants que dirigeaient le *native american Party*, était frappante et ne fut pas sans exercer une influence salutaire. Nous le verrons tout à l'heure. Les Pères du Concile demandèrent et obtinrent la fondation des évêchés de Buffalo et d'Albany dans l'état de New-York et de Cleveland dans l'Ohio. Quelques décrets furent formulés sur la publication des bans de mariage et l'administration de ce sacrement. Défense fut faite aux prêtres d'entrer dans un ordre religieux sans la permission de l'Ordinaire. Ce dernier point de discipline a sa raison d'être en Amérique, dans le fait que les ordres religieux dirigent bon nombre de paroisses, et font à ce point de vue comme partie du clergé séculier. Si l'entrée dans une communauté eût été sans contrôle et indépendante de la sanction épiscopale, il en serait bientôt résulté une désorganisation du ministère paroissial lui-même ; les prêtres auraient été exposés à la tentation de choisir un Ordre religieux plus par intérêt que par sérieuse vocation. La ville d'Orégon fut constituée par Rome, capitale d'une province ecclésiastique composée de deux diocèses dont un, celui de

Vancouver, dans les possessions britanniques, et l'autre, celui de Nesqually dans les Etats-Unis. Le concile obtint que Saint-Louis fût érigé en métropole avec Dubuque, Nashville, Chicago et Milwaukee pour évêchés suffragants.

L'Eglise américaine grandissait tous les jours, la discipline s'organisait, les forces d'apostolat se multipliaient. En conséquence un désir général se manifesta vers cette époque que les trois archevêques et tous les évêques tinssent un concile général représentant l'immense pays soumis à leur juridiction. La prodigieuse étendue de territoire à parcourir pour s'assembler fut un obstacle à la réalisation de ce projet, et le 7° concile, tenu en 1849, se nomma, comme ceux qui l'avaient précédé, concile provincial de Baltimore, bien que deux archevêques y assistâssent. Les Pères supplièrent le Souverain Pontife de fortifier encore la hiérarchie de l'Eglise américaine en établissant trois nouvelles provinces ecclésiastiques : celle de la Nouvelle-Orléans qui comprit les diocèses de Mobile, Natchez, Little Rock, et Galveston ; celle de Cincinnati avec Louisville, Détroit, Vincennes et Cleveland pour suffragants ; celle de New-York composée des évêchés de Boston, Harford, Albany et Buffalo. En outre de nouveaux sièges furent créés : ceux de Savannah et de Wheeling dans la province de Baltimore, et celui de Saint-Paul dans le Minnesota.

Les intenses labeurs du dehors n'éteignaient point la ferveur au-dedans ; ils ne faisaient au contraire que l'accroître. En réponse à la lettre dans laquelle Pie IX exprimait le désir que les évêques du monde entier lui dissent, par écrit, quelle était la dévotion de leur clergé et de leurs fidèles envers l'Immaculée-Conception, les Pères du Concile s'empressèrent d'affirmer au Souverain Pontife dans une magnifique page où se révèle leur piété, l'ardeur de cette dévotion aux Etats-Unis et la joie avec laquelle serait reçu en Amérique le dogme de la pureté sans tâche de la Vierge. Six décrets vinrent augmenter encore le code de la discipline. Le plus important d'entre eux attribue à l'Evêque tous les biens ecclésiastiques de son diocèse en trust ! La propriété ecclésiastique devait donc reposer tout entière entre les mains de l'Ordinaire (1).

A cette époque la situation de l'Eglise à Rome était critique. L'assassinat du Comte de Rossi fut le prélude de cette persécution qui obligea Pie IX à quitter la ville sainte pour se réfugier à Gaëte. La rumeur se répandit avec une certaine persistance que le chef de l'Eglise aurait peut-être besoin de trouver plus loin encore le salut et la liberté. Mgr Eccleston, interprète fidèle du respect et du dévouement absolu qui animaient ses collègues et plein de confiance en la généreuse sympathie des autorités de la République, se crut autorisé à offrir à Pie IX l'hospitalité des Etats-Unis. Il le sollicita de venir diriger lui-même leur septième concile provincial. Le Saint Père vivement touché des sentiments de l'épiscopat américain répondit de sa propre main et envoya des bénédictions toutes particulières au clergé et au peuple des Etats-Unis. De leur côté, les évêques se hâtèrent de faire appel à leurs ouailles pour subvenir aux besoins du Vicaire de Jésus-Christ. Leur lettre collective aux fidèles contient une protestation énergique contre l'usurpation dont le Saint-Père venait d'être

(1) Plus tard dans l'état de New-York la personnalité civile fut attribuée à la paroisse, seule maîtresse de ses biens, seule tenue de ses dettes et représentée par son conseil de fabrique, mais, à la place des *trustees* élus par les possesseurs des bans de l'église, ce conseil de fabrique dut être composé de l'évêque, président de droit dans chaque paroisse, d'un grand vicaire désigné par lui et de deux laïques choisis, parmi les paroissiens par ces trois ecclésiastiques. De la sorte, l'évêque est réellement maître partout, sans être seul responsable. Pratiquement les deux systèmes ne diffèrent pas sensiblement. (Note prise à la page 288 de l'ouvrage de M. le Vicomte de Meaux, l'*Eglise et la liberté anx Etats-Unis*) Il y a encore d'autres régimes selon les différents Etats. Voici d'ailleurs le texte du 3e concile national de Baltimore à ce sujet : In toto hoc temporalium bonorum genere, quod profanis usibus exemptum et ad divinum cultum sepositum est, non potest ecclesia ullum cujusquam interventum admittere, qui non ex ipsius auctoritate pendeat. Hujus autem auctoritatis vicarius est et interpres pro sua diœcesi Episcopus.

victime et explique la légitimité et l'utilité suprême du pouvoir temporel du Pape. Les mêmes affirmations épiscopales se sont plusieurs fois depuis solennellement renouvelées.

Tandis que la vie catholique se fortifiait, que la discipline s'enrichissait d'une législation progressive et sage en face même des dangers, l'apostolat de l'Eglise allait atteindre de nouvelles contrées que la Providence offrait à son zèle. En 1836, sous les influences d'émigrants américains, le Texas se sépara du Mexique ; la bataille de San Jacinto contre le général mexicain Santa Anna consomma la revolution dans cette province que les Etats-Unis s'annexèrent en 1845. C'était un territoire équivalent à l'Autriche, à l'Italie et à la Suisse réunies. Le traité de la Guadeloupe qui mit fin, en 1848, à la guerre du Mexique ajouta encore à la République américaine, comme nous l'avons vu, les provinces de la Californie et du Nouveau-Mexique et plusieurs autres Etats adjacents qui surpassent en étendue l'Allemagne, la France et l'Espagne. L'Eglise dut donc prendre possession de ces champs immenses, fécondés autrefois par les misssionnaires espagnols, mais retombés plus ou moins en friche depuis longtemps. Elle en forma trois vicariats apostoliques : celui du Texas, en 1841, sous l'administration de Mgr Timon, lazariste français ; celui du Nouveau-Mexique, 1848, confié à Mgr Lamy, lui aussi d'origine française ; et celui du territoire indien qui s'étendait depuis les frontières de l'Arkansas et du Missouri jusqu'aux montagnes Rocheuses sur tout le territoire occupé actuellement par les états des deux Dakotas, de Nebraska de Kansas, de Colorado, de Wyoming et de Montana.

Ce rapide développement de la juridiction ecclésiastique ne put se réaliser sans d'intenses labeurs. Plusieurs des ouvriers évangéliques moururent à la tâche. C'est avec un regret profond que je me vois obligé de passer sous silence, dans ce trop court résumé, les admirables travaux de ces énergiques apôtres qui prennent hardiment possession

d'un pays grand comme l'Europe. Chaque diocèse, on peut
dire, eut ses héros. A Baltimore, Mgr Eccleston, l'inspi-
rateur de tout le mouvement catholique, n'avait que
trente trois-ans lorsqu'il fut mis à la tête de l'épiscopat
américain. Né de parents épiscopaliens, il s'était converti
à la Foi pendant le cours de ses études, sous la direction de
la société de Saint-Sulpice dont il devint un des membres
les plus illustres en Amérique. Son épiscopat ne fut qu'une
longue suite de magnanimes dévouements. Son zèle ar-
dent créa des œuvres de toute sorte, mais se consacra surtout à l'organisation de la presse. Il fonda le *Catholic
tract society*, ou association pour la diffusion des tracts
catholiques, et le *metropolitan press*, dont le but était
d'éditer au plus bas prix possible les livres religieux.

A Charleston, Mgr England justement appelé « la lumière de l'Eglise américaine » vit comme un pauvre
missionnaire, voyageant souvent à pied à travers son
vaste diocèse. Il se rend plusieurs fois en Europe pour
recruter des aides, fonde écoles, séminaires, se fait professeur, journaliste, controversiste, puis devient membre
actif de plusieurs associations littéraires, tout en demeu-
rant l'âme des conciles de Baltimore. Ses ouvrages, huit
volumes in-octavo, le rangent parmi les meilleurs écri-
vains de son temps. A New-York, Mgr Hughes se mêle à
toutes les luttes religieuses, ne craint point de résister en
face à tous les empiètements de l'Etat en matière d'éducation, puis se lance dans la polémique avec les plus cé-
lèbres ministres protestants, sans jamais perdre son titre
de brillant et victorieux champion de l'Eglise.

Quand Mgr O'Connor prit possession de son évêché de
Pittsburg, il trouva dans son diocèse trente-trois églises
et quatorze prêtres. Ses efforts pour l'organisation des
œuvres d'éducation et de charité furent incessants et cou-
ronnés d'un tel succès que, neuf ans après, il pouvait demander la création d'un nouveau diocèse dans le champ
même de ses labeurs. Le diocèse de Buffalo n'avait en

commençant que seize prêtres et seize églises qui ressemblaient à des cabanes plutôt qu'à des monuments religieux ; en 1852, cinquante-huit prêtres desservaient soixante-quatorze missions et pouvaient se grouper autour de leur vaillant évêque, Mgr Timon. A Boston, au milieu même de la persécution, se construisaient vingt-cinq églises, plusieurs collèges et orphelinats. Hartford, à l'époque de sa création, comptait dix mille catholiques et six prêtres ; en 1852, la population des fidèles s'éleva à quarante mille, ayant à leur usage, vingt-huit églises. Dans le diocèse de Nashville, Mgr Miles parcourait à cheval un territoire de 500 kilomètres, à la recherche de trois cents catholiques dispersés à travers une population protestante ennemie. Mgr Loras, à Dubuque, n'avait avec lui qu'un seul prêtre, en 1837, pour évangéliser tout le territoire où se trouvent aujourd'hui les Etats de Iowa, de Minnesota, et une partie des deux Dakotas ; en 1840, cinq églises et une cathédrale avaient surgi du sol. A Chicago, Mgr Porter mourut d'épuisement. A Milwaukee, Mgr Henni s'installa dans une petite chapelle en bois ; cinq ans après, on comptait dans le diocèse vingt-cinq églises, un séminaire et plusieurs écoles. En 1840, l'évêque s'était formé un clergé de cinquante prêtres pour une population de cinquante mille fidèles. La pénurie de prêtres et d'argent forcèrent la plupart des évêques de ces diocèses nouvellement organisés à venir solliciter en Europe des vocations et des ressources pécuniaires. On les vit en France, en Autriche, en Bavière, dans le Wittemberg, à Rome quêter des sujets et mendier la subsistance de leurs prêtres, au prix de mille fatigues physiques et morales. Dans ces circonstances difficiles, l'œuvre de la propagation de la Foi rendit d'immenses services à l'Eglise américaine. Avec son concours, des cathédrales se bâtissaient dans plusieurs diocèses ; des séminaires s'ouvraient à Cincinnati et à Troyes ; les hopitaux et les pensionnats se multipliaient. Les synodes diocésains se succédaient

dans l'est et dans l'ouest. C'était la vie partout. Telle fut
la fécondité du catholicisme dans le Nouveau-Monde.
L'Eglise ne resta pas non plus étrangère au progrès intellectuel que firent les Etats-Unis. Après les guerres
napoléonniennes, la République américaine voulut posséder le prestige de la science et des arts en même temps
que celui de la prospérité matérielle. Avant 1830, les
noms de Bryant, Irving, Cooper, Foe, Hawthorne s'étaient
inscrits au livre d'or des belles lettres. Vinrent ensuite les
les Longfellow, les Halnes, les Emerson. L'Eglise ne
resta pas inférieure. Le mouvement d'Oxford en Angleterre fit [sentir son influence jusque dans les milieux
religieux d'Amérique. Malgré les attaques dont le catholicisme était l'objet, de brillantes intelligences vinrent
chercher dans son sein la paix et la lumière. Brownson,
célèbre philosophe et publiciste, Hœcker, le futur fondateur de l'ordre des Paulistes, Wolworth, fils du chan-
celier de l'État de New-York, embrassèrent à cette
époque la Foi romaine. J'ai parlé des talents littéraires
de Mgr England, d'autre part la science théologique
avait son brillant représentant dans Mgr Kenrick alors
archevêque de Philadelphie. La sainteté de son successeur, Mgr Newman, dont la cause de béatification est
introduite à Rome, rendait les fidèles plus fiers que jamais
de leur Foi. Il semblait donc opportun que le déploie-
ment des forces catholiques s'imposât aux regards des
Américains. Aussi, en 1852, les évêques se réunirent-ils
en concile national sous la présidence de Mgr Kenrick
qui venait d'être transféré à Baltimore. Dans les grandes
nefs de la cathédrale bâtie par Mgr Maréchal, les fidèles
et les protestants étonnés virent se déployer le majes-
tueux cortège de vingt-quatre évêques, d'un abbé mitré
et d'un grand nombre de théologiens. Vingt et un décrets
furent portés dans l'auguste assemblée. La résidence des
évêques, l'organisation de leur chancellerie, leur contrôle
et leurs droits sur les livres qui se publiaient dans leurs

diocèses, la fondation d'écoles attenantes aux églises paroissiales, les cours de catéchisme furent les sujets sur lesquels se porta l'attention du concile. Les évêques recommandèrent avec instance la fondation d'un séminaire de théologie au moins dans chaque province. Des mesures furent prises pour une participation directe des Etats-Unis à l'œuvre de la Propagation de la Foi et à la formation d'associations de prières pour la conversion des protestants. De plus, les Pères demandèrent à Rome et obtinrent la création des évêchés de Portland dans le Maine, de Burlington dans le Vermont, de Brooklyn dans l'état de New-York, de Newark dans le New-Jersey, d'Erie dans la Pensylvanie, de Covington dans le Kentucky, de Quincy dans l'Illinois, de Santa Fé dans le Nouveau-Mexique, de Natchitochez dans la Louisiane et d'un vicariat apostolique dans le Michigan supérieur. San Francisco fut élevé au titre de siège métropolitain. C'était vraiment le spectacle d'une expansion religieuse qui semble n'avoir eu d'égale que celle des premiers siècles, lorsque, dans la fraîcheur de la jeunesse et la vigueur de son zèle apostolique, l'Eglise s'emparait de l'empire romain pour y fixer sa royauté éternelle (1).

Article II.

L'Eglise pendant la guerre de Sécession, 1852-1866.

Nous entrons maintenant dans une période de dangers nouveaux. L'épreuve nécessaire à l'affermissement du catholicisme aux Etats-Unis va prendre une nouvelle forme, mais ce nouvel aspect de l'éternel combat fera

(1) Il est vrai que le progrès de l'Église en Amérique ne doit pas et ne peut pas se concevoir en dehors du mouvement d'immigration qui versa sur le Nouveau Continent des populations entières de catholiques d'Europe. Les conversions n'y eurent point une part prépondérante. Le progrès était d'ailleurs accompagné de pertes sensibles. Mais l'extension si rapide qui vient d'être décrite ne légitime pas moins la comparaison sous un certain aspect.

s'unir plus étroitement pasteur et fidèles et rendra leur action plus manifestement efficace.

Ce n'est point ici le lieu de faire une histoire, si brève soit-elle, de la guerre civile, appelée « guerre de sécession » qui secoua jusqu'à ses fondements la République américaine. La question de l'esclavage atteignit, en 1852, à l'époque de la publication par Henriette Becker-Stowe du fameux roman *Uncle Tom's cabin*, son plus haut degré d'intensité. Le souffle de discorde commença à surexciter les passions populaires et la guerre apparut à l'horizon comme inévitable. Le problème esclavagiste était essentiellement lié aux questions économiques les plus vitales du pays. Dans les régions industrielles du nord, le travail des nègres était moins productif et les esclaves furent graduellement émancipés ; dans les provinces du sud presque exclusivement agricoles, on ne pouvait s'en passer et l'esclavage semblait être une nécessité. La philantropie eut peut-être moins de part qu'on ne pense dans cette agitation violente d'un pays de trente millions d'âmes (1).

L'opposition de caractères et d'intérêt entre le nord et

(1) Dans l'ordonnance de 1787, après la proclamation de la constitution fédérale, l'esclavage avait été prohibé dans les régions au nord du fleuve Ohio, mais l'acquisition de la Louisiane, en 1813, ouvrit l'ère des dissensions sur le problème esclavagiste. Il fut convenu, en 1820, par ce qu'on appelle le compromis de Missouri, qu'à l'ouest des montagnes Rocheuses, et au-dessus de la ligne du Missouri, aucun territoire ne pourrait être admis dans l'union fédéraliste comme état esclavagiste. Les annexions du Texas et du Nouveau-Mexique au Sud, 1845, l'acquisition de l'Orégon, au nord, près de la Californie sur les côtes du Pacifique, en 1848, ne firent qu'envenimer les rivalités des deux partis. La politique y était vivement intéressée, puisque chaque Etat avait droit à deux représentants au Sénat, et que pour les élections à la Chambre des députés, les Etats esclavagistes pouvaient compter comme population les trois cinquièmes du nombre de leurs esclaves. Le congrès des Etat-Unis en 1808 avait prohibé l'importation d'esclaves d'Afrique, mais ce malheureux trafic recommença en 1859 dans les provinces du Sud. L'élection du président Lincoln comme antiesclavagiste, commença en 1861 l'ère de sécession et, avec elle, la terrible guerre civile.

le sud, l'antagonisme des partis politiques rendirent la lutte terrible. Ce fut peut-être la guerre la plus sanglante du siècle. Au milieu de cette fiévreuse surexcitation l'Eglise resta calme ou plutôt impartiale. Son attitude fut chrétienne et patriotique à la fois. Avant la guerre, Mgr Hughes disait : « Si par malheur le douloureux événement de la division du pays a lieu, les catholiques n'auront aucune part dans une pareille calamité ». Après la guerre, Mgr Lynch, évêque de Charleston écrivait au secrétaire d'Etat. « J'ai la conscience de n'avoir dit ni fait quoi que ce soit pour provoquer ou prolonger d'une heure la lutte fratricide. » « Dès les premières rencontres des deux factions sur le champ du combat, raconte Mgr Spalding, nos évêques dans leurs conciles provinciaux et dans leurs lettres pastorales déclarèrent publiquement que l'Eglise et eux n'étaient pour rien dans les causes de l'effusion du sang, qu'ils ne voulaient en aucune manière entrer dans la discussion, mais seulement prier pour le bien public, le retour de la paix et de la prospérité dé la nation. « Notre Eglise est l'Eglise de Dieu, écrivaient les évêques, du Dieu de paix et de charité ». En effet, aux deux partis, l'Eglise envoya ses héroïques enfants. Les sœurs quittèrent leurs écoles et leurs asiles pour assister les malades et les blessés dans les hôpitaux ou sur le champ de bataille ; lé clergé se hâta d'apporter les secours de son ministère sous la flamme des canons comme au chevet des mourants. Mgr Kenrick, archevêque de Baltimore ordonna à tous les religieux la récitation quotidienne des litanies des saints. Le spectacle fut vraiment émouvant. L'Eglise était incomprise, la persécution sévissait contre elle, mais elle, oubliait tout, ne se souvenait que de l'esprit de son divin fondateur : esprit de dévouement et de sacrifice. Il fait bon la voir s'affermir ainsi par les œuvres d'amour et de patriotisme dans la République protestante du Nouveau-Monde. Décrire avec quelques détails cette vie de l'Eglise catholique persécutée, invincible,ne sera point hors de propos, malgré la brièveté voulue de notre récit.

Pendant plusieurs années, les Etats-Unis avaient été représentés auprès du Saint-Siège par un ministre résidant à Rome. Pie IX avait donc le droit, s'il le jugeait nécessaire, d'avoir, lui aussi, son représentant à Washington. Aucune démarche pourtant n'avait été faite encore à ce sujet. En 1853, Mgr Cajetan Bedini, archevêque de Thèbes, nommé nonce à la cour du Brésil, reçut l'ordre du Souverain Pontife de s'arrêter aux Etats-Unis pour traiter certaines affaires ecclésiastiques concernant le diocèse de Philadelphie. Pie IX confia même à son délégué une lettre que celui-ci devait présenter au Président de la République. L'entrevue eut lieu en effet, mais quand il fut question de reconnaître l'envoyé de Rome comme membre du corps diplomatique, le gouvernement de Washington s'y refusa, sous le prétexte que Mgr Bedini n'était point laïque. La presse s'empara de l'incident pour surexciter à nouveau les sentiments anticatholiques des protestants. Des menaces de mort se firent entendre contre Mgr Bedini. Reçu avec respect par les fidèles à travers tous les Etats-Unis qu'il visita, le prélat romain ne put qu'à grand peine échapper aux violences des fanatiques. A Cincinnati, la cathédrale aurait été brûlée et le représentant pontifical massacré sans l'intervention des autorités civiles. Le résultat de sa visite porta malgré tout ses fruits. Mgr Bedini s'opposa fortement au partage des paroisses entre Anglais et Allemands pour ne point former dans le même pays comme deux nationalités étrangères et par conséquent rivales. Son rapport au Saint Père était consolant. Il louait l'activité et l'énergie de l'épiscopat américain, le dévouement laborieux du clergé. Il parlait dans les termes de la plus haute estime des différents ordres religieux qui se dévouaient au bien des âmes. Mgr Bedini ne se trompait pas, car le travail de l'apostolat ne connaissait point d'arrêt. Parcourons rapidement les différentes provinces dans les-

quelles, au milieu même des calamités nationales, il s'exerça
et produisit de splendides résultats. Nous pouvons con-
sidérer successivement l'Eglise dans le sud et dans le nord.
Le sud comprenait les provinces de Baltimore et de la
Nouvelle-Orléans. Le nord se composait des provinces de
New-York, Cincinnati, Saint-Louis et Oregon.

En 1855 eut lieu à Baltimore le huitième concile provincial. C'est dans cette assemblée qu'on décida d'ouvrir
à Rome un collège ecclésiastique, où seraient fondées des
bourses en faveur des séminaristes américains envoyés
par leurs évêques. On projeta aussi une traduction officielle de la Bible et la division de la ville en plusieurs
paroisses. Le Maryland était peu favorisé par l'immigration. La population croissait lentement. Il y avait en
1857 dans le diocèse de Baltimore environ quatre-vingt
mille catholiques.

En 1858, à la suite du neuvième concile provincial, le
Souverain Pontife, pour honorer le premier siège épiscopal des Etats-Unis, décida que l'archevêque Marylandais
aurait la préséance dans toutes les assemblées ecclésiastiques des Etats-Unis; il lui concéda en même temps le
droit d'avoir son trône au-dessus de celui même des archevêques plus âgés par date de consécration. Mgr Kenrick
mourut en 1863. C'est lui qui mit à exécution les différents
projets des conciles et des synodes dont nous avons parlé
plus haut. Ses talents étaient supérieurs et variés : versé
dans le grec, le latin et l'hébreu, il parlait couramment
l'Anglais, l'Espagnol, l'Italien et l'Allemand. Ses nombreux ouvrages, d'apologétique, de dogme, de morale,
de controverse et d'histoire, sa traduction et ses com-
mentaires de la Bible le placent au premier rang de
l'episcopat américain. Son zèle fut inlassable : on le
voyait au milieu des bruits et de la confusion des batailles qui se livraient dans le Maryland continuer ses
visites pastorales, encourager les fidèles, envoyer des
chapelains aux armées. Sous son administration arrivèrent

d'Irlande les sœurs de la Merci, qui ont depuis lors multiplié leurs écoles dans toute l'étendue des Etats-Unis. Mgr Kenrick eut pour successeur Mgr Spalding, évêque de Louisville, prélat de très haute valeur intellectuelle, également remarquable par l'érudition dont ses œuvres font foi et par son dévouement apostolique. Sa lettre pastorale sur le Syllabus est restée célèbre. L'acte pontifical avait encore une fois soulevé les passions haineuses du protestantisme qui ne craignit point d'accuser le Pape d'avoir condamné les principes du gouvernement américain. « Vouloir appliquer aux Etats-Unis, disait l'évêque, ce qui n'a été fait qu'en vue des incrédules et du parti radical d'Europe, c'est dépasser les intentions du Souverain Pontife. Rome n'a point prétendu, en ce qui concerne la liberté de conscience et de la presse, condamner l'état de choses que sanctionne notre charte américaine. Notre gouvernement, au milieu de nos divisions, a bien fait d'adopter, dès l'origine, cet amendement à la constitution d'après lequel le congrès se reconnaît incapable de légiférer en matière de religion. Nos législateurs n'ont point voulu par cet article affirmer, comme les incrédules d'Europe, que toutes les religions, fausses ou vraies, étaient égales devant Dieu, mais seulement devant la loi ; ils ont simplement admis le principe plein de raison et d'équité que l'autorité civile, se tenant strictement dans la sphère de ses devoirs politiques, ne légiférerait pas en des matières ecclésiastiques qu'elle considère comme hors de sa compétence. Il en est de même des autres propositions contenues dans le Syllabus. Elles doivent être jugées du point de vue où s'est placé le Pape, champion de l'ordre et de la loi contre la révolution et l'anarchie, de la religion révélée contre l'infidélité et l'athéisme, mais non contre les gouvernements chrétiens. »

L'admirable patriotisme de Mgr Spalding fut particulièrement remarqué lors de l'assassinat du président Lincoln en 1865 (1). Il ordonna des prières publiques dans

(1) Rien ne montre mieux le pur patriotisme de l'Eglise qui sait

tout son diocèse et publia une lettre qui demeure comme un des plus beaux monuments élevés à l'amour de la patrie.

En 1852, avait succédé à Mgr Kenrick sur le siège de Philadelphie le saint évêque Newman dont la cause, avons-nous dit, est introduite à Rome (1). Sous son administration l'esprit religieux fit d'immenses progrès dans ce diocèse. De nouvelles paroisses se formèrent, plus de vingt églises furent bâties dans la première année de son épiscopat. Quand Mgr Wood, après lui, gouverna cette partie du champ du père de famille, il y trouva cent cinquante églises et cent quarante prêtres. Avec Mgr Wood l'œuvre de Mgr Newman prit de nouveaux développements, la magnifique cathédrale de Philadelphie surgit du sol et le grand séminaire d'Overbrook fut ouvert en 1865.

Le diocèse de Pittsburg divisé en 1853, comme nous l'avons vu, pour faire place au nouveau siège d'Erie, comptait une population catholique de quarante mille âmes et soixante-quinze églises. Il y avait eu 1862, quatre-vingt-quatre prêtres au service de cinquante mille fidèles. Le diocèse d'Erie, formé avec vingt-quatre églises et douze mille catholiques, possédait, en 1861, trente-huit églises. Sept constructions nouvelles d'édifices religieux y furent achevées pendant la guerre. Le diocèse de Richmond dans la Virginie avait en 1855 sous Mgr Magil, dix prêtres seulement. Pendant la guerre civile cet Etat fut le théâtre des batailles les plus sanglantes. Du sud au nord, les troupes couvrirent l'immense territoire. Les visites pastorales étaient devenues impossibles, mais là plus que partout ailleurs les prêtres et les sœurs

s'élever au-dessus des partis pour respecter et faire aimer les autorités publiques sous quelque nom qu'elles gouvernent. Lincoln avait été le président fédéral pendant la guerre de sécession et Baltimore et ses évêchés suffragants se trouvèrent dans les régions des confédérés.

(1) Rome a déclaré dans une session tenue en 1901 l'héroïcité de ses vertus.

de charité se dépensèrent sans mesure. Quand, après la défaite du Sud, la paix fut signée, navrante apparut la situation de l'Eglise au point de vue matériel. Ecoles, établissements religieux avaient été brûlés ou détruits ou transformés en magasins militaires. Au milieu de ces épouvantables désastre, l'évêque acheta du terrain pour y installer un pensionnat de la Visitation, ce qui ne l'empêchait pas, d'autre part, de publier en même temps un excellent ouvrage sur la vraie Eglise et les triomphes de la Foi.

Le diocèse de Wheeling eut aussi à souffrir extrêmement des malheurs publics. Quand Mgr Wheelan en prit possession, il y avait quatre églises, deux prêtres et cinq ou six mille catholiques. Après les hostilités s'ouvrit une ère nouvelle, une ère de prospérité. En 1866, on voyait vingt-trois églises, seize prêtres, trois pensionnats de filles, un collège, des orphelinats, et la population catholique s'élevait à environ quinze mille âmes.

Nul diocèse peut-être ne se ressentit autant de la guerre que celui de Charleston. La cathédrale et le presbytère, les couvents, les orphelinats furent livrés à l'incendie; les églises, sur toutes les parties de l'état de la Caroline du Sud qui constituaient le diocèse, furent occupées par les soldats. Mgr Lynch eut tout à recommencer, et il se mit à l'œuvre avec un courage indomptable.

En 1857, le Souverain Pontife détacha la Floride du siège de Savannah et l'érigea en un vicariat apostolique qui devint en 1870 le diocèse de Saint-Augustin. Ce vicariat comprit tout le territoire à l'est du fleuve Appalechicola et fut confié à Mgr Vérot, prêtre de Saint-Sulpice du séminaire de Baltimore. Il y avait en tout sept églises et deux prêtres. Pour trouver des ressources et des auxiliaires, Mgr Vérot dut venir en Europe. Il emmena de France, son pays natal, des Frères des écoles chrétiennes et des Sœurs. En résumé, la province de Baltimore, pendant cette triste période de l'histoire d'Amérique, ne put point égaler les autres parties de la République en ce qui concerne le développement du catholicisme. Elle souffrit cruellement des maux de la guerre ; son ardeur apostolique dut se consacrer plutôt à maintenir ses positions ou à réparer les ruines qui s'accumulèrent partout. Son activité n'en est que plus admirable.

En 1853, Mgr Blanc décrivait ainsi à la Propagande la condition du diocèse de la Nouvelle-Orléans. « Il y a quarante-quatre églises, chacune avec un ou deux prêtres. La ville de la Nouvelle-Orléans est divisée en dix-huit paroisses et possède un séminaire. » Deux conciles provinciaux s'y tinrent en 1856 et 1859. La guerre, hélas ! fit d'affreux ravages dans cette partie du sud des Etats-Unis, et l'on ne put guère constater en 1866, à l'époque du concile national, que le maintien du *statu quo* de 1853.

Une portion de la Louisiane forma en 1852 le diocèse de Natchitoches avec une population de vingt-cinq mille catholiques. La vie s'y répandit en abondance, grâce au zèle de l'évêque, Mgr Martin. Non content de parcourir l'Europe pour y chercher des ouvriers évangéliques, ce vénéré prélat, de retour au milieu de ses ouailles, s'appliquait à repousser par ses écrits ou son éloquente parole les attaques persistantes des Know-Nothings. La guerre cependant arrêta bien des progrès et paralysa bien des efforts. Le diocèse de Little-Rock dans l'Arkansas n'avait que neuf prêtres ; les armées dévastèrent tout dans cet Etat, et la persécution contre les catholiques sévit avec rage au milieu même des luttes nationales. Il en fut de même dans le diocèse de Natchez où Mgr Elder, à son arrivée en 1857, ne trouva que quelques prêtres. Le dévouement des sœurs de charité, dont plusieurs moururent d'épuisement en soignant les blessés, ne put arrêter les insultes des ennemis de l'Eglise. Après la guerre, tout fut à rebâtir dans ce pauvre diocèse. La misère était effrayante, la fièvre jaune y sévissait. Malgré tout, l'évêque posa en 1866 la première pierre du grand collège cathoique de Natchez. Mobile était à peu près dans les mêmes conditions. Plus florissant était, dans l'Etat du Texas, le diocèse de Galveston où l'immigration avait été nombreuse Les autorités civiles reconnurent même les droits des écoles libres à une subvention des fonds publics. L'évêque Mgr Odin, était infatigable et ses visites pastorales l'obligeaient à des voyages de plus de huit cent kilomètres. Il les faisait à pied, à cheval ou dans de modestes voitures. Telle nous apparaît l'Eglise catholique dans le sud, luttant péniblement contre les puissants obstacles qui s'opposent à son expansion, mais avec un courage et une foi qui la firent quand même triompher, et l'implantèrent inébranlablement dans le pays.

L'Eglise prospéra davantage dans le nord, mais encore ici la victoire n'apparaissait point facile. Les catholiques à New-York étaient au nombre de deux cent quatre-vingt mille. Sous l'administration de Mgr Hughes les progrès furent immenses. Il est impossible, dans ces pages, de multiplier les détails ; qu'il suffise de dire que de 1854 à 1861 il se tint à New-York trois conciles provinciaux.

L'âme de toute l'activité déployée dans cette portion de la vigne du Maître fut naturellement l'évêque. Il posa la première pierre de la cathédrale actuelle, considérée comme le plus beau momument religieux des Etats-Unis. Il construit le célèbre établissement de Winchester pour la protection des enfants abandonnés, achète le collège des méthodistes à Albany et le transforme en un grand séminaire diocésain. Partout il crée des écoles, ouvre une maison du Bon Pasteur qu'il place sous la direction des sœurs de Notre-Dame (de Saint-Pierre Fourier), et tandis que ces œuvres si variées et si fécondes révèlent dans Mgr Hughes toute la merveilleuse compréhension de sa mission apostolique, le gouvernement proclame qu'il est un des plus grands citoyens de la République. Mgr Hughes reçut en effet des autorités fédérales une mission semi officielle pour les représenter aux différentes cours d'Eu-

rope et obtenir de l'étranger la garantie de la neutralité
dans la guerre que se livraient les partis en Amérique.
L'évêque patriote refusa le titre d'envoyé diplomatique,
mais non l'honneur de se dévouer à la cause de la paix auprès des souverains d'Europe. Son influence au point de
vue religieux et social fut telle que l'Eglise, à juste titre,
place son nom à côté de ceux de Mgr Carroll et de Mgr
Maréchal, dans la mémoire qu'elle garde de ses plus illustres défenseurs.

Dans le diocèse d'Albany, le développement des forces
catholiques fut si rapide, grâce à l'immigration, qu'il y
avait, en 1861, dix-sept églises, vingt-sept écoles paroissiales et six orphelinats. A Buffalo, l'Eglise sut se relever,
puissante et pleine d'espérance, des coups que lui avait
portés le Trusteeisme. Sous Mgr Timon dont le zèle fut
merveilleux, institutions, écoles et couvents se multiplient
partout. L'accroissement du diocèse de Brooklyn érigé
en 1853 est un fait inouï, même en Amérique. Ni les ré-
voltes des Trustees, ni les désordres de la guerre ne
peuvent mettre obstacle à cette admirable expansion.
D'année en année tout surgit de terre comme par en-
chantement. Quand s'ouvrit le deuxième concile national en 1866, treize ans seulement après l'érection du siège,
il y avait dans la ville de Brooklynn vingt-trois églises et
vingt autres avaient été bâties dans le reste du diocèse. Le
siège épiscopal de Newark avait pour titulaire un protestant
converti, Mgr Bayley, qui devint plus tard archevêque de
Baltimore. A l'époque de la création du siège, en 1853,
une trentaine d'églises seulement existaient ; en 1866 on ca
comptait soixante-dix-sept, et c'est d'un bout à l'autre des
Etats-Unis que le sol se couvre d'édifices religieux, signe
certain de l'affermissement de la Foi catholique.

Le premier concile national, comme nous l'avons dit,
avait formé d'une partie du diocèse de Boston, le diocèse
de Burlington dans le Vermont et celui de Portland dans
le Maine. Ce partage laissait au siège de Boston dans

l'Etat de Massachussetts soixante-trois églises. Là, plus que partout ailleurs peut-être, régnait l'esprit puritain et anti-catholique ; les Know-Nothings étaient parvenus dans les élections à s'emparer du Sénat et de la chambre des députés ; le gouverneur lui-même était leur élu. Sous cette administration, en 1854, les lois accentuèrent leur caractère de persécution. Séminaires, écoles, pensionnats furent soumis à la plus arbitraire inspection et aux tracasseries les plus capricieuses des autorités civiles. L'inquisition était violente et odieuse. Le patriotisme des catholiques n'en fut pas diminué pendant la guerre ; ils formèrent, à eux seuls, sous l'inspiration de leur évêque, Mgr Fitz Patrick, deux régiments, imitant en cela les généreuses initiatives des catholiques de New-York. Là comme ailleurs, l'Eglise prit un essor rapide.

Dans le diocèse de Harford, de trente-sept les églises s'étaient élevées au nombre de soixante-dix en l'espace de dix années, c'est-à-dire depuis sa création. Le siège de Burlington dans le Vermont fut occupé en 1853, lors de son érection, par Mgr de Goesbriand, fils d'une noble famille bretonne. Il n'y avait, à l'arrivée du prélat, que cinq pauvres églises, dépourvues même du nécessaire. D'Europe, où l'évêque alla chercher des recrues et des ressources pécuniaires, vint au diocèse l'expansion de la vie. L'année du concile national, en 1866, la cathédrale était bâtie, et dix-neuf prêtres se dévouaient avec zèle aux besoins d'une population de vingt-huit mille catholiques.

Dans le diocèse de Portland l'antagonisme des sectes protestantes contre l'Eglise prit un caractère de particulière violence ; le clergé fut victime à plusieurs reprises de brutales attaques. Des lois qui vouaient au plus injuste ostracisme les catholiques étaient encore en vigueur. Malgré tout, il y avait en 1866 quarante-cinq églises et vingt-cinq mille fidèles.

La province de Cincinnati avait pour suffragants, comme nous l'avons dit, les diocèses de Détroit, Cleveland, Louisville, Covington et le Vicariat apostolique du Michigan supérieur. En 1857, la population catholique du diocèse de Cincinnati était de vingt-huit mille âmes ; il y avait en 1866, cent cinquante prêtres et cent quatre-vingt-une églises. En dix ans, 1856-1866, le diocèse de Cleveland vit son clergé s'élever de dix-sept prêtres à cinquante ; cinquante églises y furent bâties. J'ai fait allusion à la persécution sanglante que fomentèrent à Lousiville les partis victorieux du *Native americanism*. « Nous avons passé par un régime de terreur, écrivait un peu plus tard Mgr Spalding, environ cent pauvres catholiques irlandais ont été massacrés, plus de vingt maisons ont été brûlées, la presse est pleine de haine contre nous, la législation nous est profondément hostile, nos églises ont été envahies pendant la guerre, mais on peut dire qu'en somme le mouvement des *Know-Nothings* nous a été favorable ; L'Américain vrai s'est révolté, et délivré du fléau ».

De fait, l'esprit religieux y gagna ; les Pères trappistes fondèrent un monastère sous les coups mêmes de la persécution, les synodes se succédèrent rapidement et des édifices nouveaux vinrent bientôt remplacer les églises ruinées ou détruites.

Dans le Michigan, l'évangélisation des tribus indiennes se poursuivit avec zèle. Le vaste diocèse de Vincennes put détacher de son territoire le diocèse de Fort Wayne qui augmenta en population de plus de cent pour cent en l'espace de dix années.

Si nous nous transportons dans la province de Saint-Louis, nous pouvons y contempler une magnifique efflorescence d'institutions charitables de tout genre. Il se tint à Saint-Louis deux conciles provinciaux de 1853 à 1866. C'était au milieu de circonstances peu favorables, le Missouri étant dans l'ouest l'un des théâtres les plus sanglants de la guerre. Les nécessités politiques où plutôt les passions anti-religieuses faillirent détruire même la liberté que garantissait la Constitution. Mais on aurait dit que les obstacles décuplaient les forces sur toute l'étendue de ce vaste territoire de l'ouest qui comprenait sept ou huit diocèses. Dans l'état de Tennessee où se trouvait le diocèse de Nashville se livrèrent de terribles combats. Les dettes écrasantes, l'épuisement des finances, les discordes civiles rendaient le minis'ère ecclésiastique extrêmement pénible. L'œuvre de restauration fut héroïquement entreprise par Mgr Phelan. Le diocèse de Milwaukee s'enrichit d'une cathédrale, d'un grand séminaire, et d'un nombre d'églises suffisant pour deux cent quatre-vingt-treize mille catholiques. Ainsi en était-il partout.

Les Pères trappistes viennent s'établir à Dubuque ; le diocèse de Saint-Paul ,ravagé par une guerre indienne, s'augmente néanmoins de vingt mille catholiques en quelques années. Le vicariat apostolique de Nebraska érigé en 1853, et celui du territoire indien, sont évangélisés par les ordres religieux et les prêtres séculiers ; le diocèse de Santa-Fé succède au vicariat du Nouveau-Mexique. Dans ces régions des montagnes Rocheuses Mgr Lamy bâtit quarante-cinq églises en moins de dix ans. Les Pères jésuites se répandent surtout dans la province d'Orégon et dans le territoire de Montana pour les missions indiennes. Le diocèse de Nesquallay fondé en 1853 et le diocèse de Vancouver s'ouvrent, eux aussi, à toutes les énergies de la vie catholique.

La découverte des mines d'or, les flots de l'immigration donnèrent un prodigieux développement à la province qui longe la côte du Pacifique ; il y avait en 1866 dans le diocèse de San Francisco, devenu archevêché en 1853, cinquante prêtres et cinquante mille catholiques. Le vicariat apostolique de Marysville avait, en 1861, seulement quatre prêtres ; cinq ans après, dix-sept prêtres et trente-cinq églises ouvraient aux catholiques les plus légitimes espérances d'un avenir prospère.

Tel fut le travail qui s'opéra sur toute l'étendue des Etats-Unis. Ce que cet apostolat révèle de ferveur catholique, de zèle apostolique, de puissance d'action dans les Evêques, de fidélité, d'attachement du peuple à ses prêtres, le lecteur le comprend sans qu'il soit besoin d'insister. En dépit des intrigues politico-religieuses qui n'avaient épargné ni les vies, ni les édifices, ni les institutions, ni les foyers domestiques, admirable avait été l'essor du catholicisme dans cette période. La violence avait été impuissante. Les seuls chiffres sont éloquents : En 1853 l'Eglise catholique comptait aux Etats-Unis quinze cents prêtres : quinze cent quarante-cinq édifices religieux et un million six cent soixante-neuf mille huit cents fidèles ; au second concile national, le nombre des prêtres s'élevait à deux mille sept cent soixante-dix-sept, on comptait deux mille neuf cent quatre-vingt-treize églises et une population de trois millions huit cent quarante-deux mille fidèles.

Article III

Le deuxième concile national 1866.

La guerre civile s'était ouverte par la prise du fort Sumter dans la Caroline du Sud en 1861 (1) ; on put la considérer comme terminée en 1863, le jour de la défaite du gé-

(1) Le fort Sumter était occupé par les troupes de la République ou des Etats-Unis du Nord, mais il se trouve dans la Caroline du Sud qui en 1860 s'était séparée de la fédération. La Floride, le Mississipi, la Louisiane, la Géorgie, le Téxas, suivirent de près la Caroline et formèrent la confédération du sud sous le gouvernement de Jefferson Davis. Celui-ci s'empara du fort, et obligea ainsi le président Lincoln à se défendre en déclarant la guerre. Le gouvernement fédéral avait encore plus d'un million de soldats sous les armes au moment de la reddition de Gettysburg. Les prisonniers confédérés, s'élevaient au nombre de cent soixante-quinze mille. Environ un million de vies avaient été sacrifiées dans cette lutte fratricide. Les dépenses qu'elle nécessita sont incalculables ; l'armée du Nord coûtait un million de dollars par jour, dès le commencement et trois millions après l'année 1863. Après la guerre il y eut une dette de trois milliards de dollars et, ce qui est pis, une effrayante dépréciation de la monnaie en papier. La reconstruction de l'Union fut difficile et périlleuse. Le congrès de 1865 admit les nègres aux droits de citoyens des Etats-Unis.

néral Lee à la terrible bataille de Gettysburg, en Virginie; les troupes de l'Union perdirent dans ce combat vingt-trois mille hommes, et les armées confédérées trente et un mille. Après deux ans d'inutiles mais superbes efforts, le général Lee rendit son épée au général Grant, à Appomatox, près de Richmond, le 9 avril 1865, et le président confédéré, Jefferson Davis fut fait prisonnier le 10 mai suivant, à Irwinston en Géorgie. Lincoln, qui, le 22 septembre 1862, avait solennellement proclamé l'émancipation des esclaves, fut réélu président en 1864. Il mourut assassiné en 1865, au milieu même des fêtes auxquelles se livrait le peuple américain pour célébrer la paix. La crise nationale avait été terrible. La moitié du pays avait été ravagée et ruinée. Comme un irrésistible dissolvant, la lutte fratricide avait détruit toutes les institutions des sectes.

C'est dans ces circonstances que se tint le deuxième concile national dont il nous reste à dire un mot pour clore cette deuxième partie de notre résumé de l'histoire du catholicisme aux Etats-Unis.

Dans une lettre adressée à tous les évêques de la République, Mgr Spalding, archevêque de Baltimore, exposa les motifs qui lui paraissaient réclamer d'urgence la tenue d'une assemblée générale de l'épiscopat. Il était nécessaire qu'au sortir de cette crise nationale où tout avait été ébranlé, l'Eglise pût présenter au pays et au monde la preuve irréfutable de sa puissante unité. Nécessaire aussi était-il, à son avis, que la sagesse collective de l'épiscopat d'Amérique déterminât quelles mesures pourraient être adoptées pour répondre aux besoins des temps nouveaux ; au lendemain de la guerre, le pays naissait à une autre vie qui demandait le concours de toutes les volontés. « Si l'Eglise est toujours la même dans son essence, disait l'archevêque, ses relations avec le monde extérieur peuvent varier. A l'heure présente il faut s'efforcer de rendre la discipline uniforme sur toute l'immense étendue de l'Union... D'ailleurs, c'est notre devoir de discuter en-

semble la situation des nègres. Quatre millions de ces in-
fortunés sont jetés entre les bras de notre charité, et en
appellent, avec une éloquence que n'affaiblit point leur
silence, à notre intelligente générosité. Nous avons là une
occasion splendide de récolter une riche moisson d'âmes,
occasion qui peut-être ne reviendra jamais. »

Le 7 octobre 1866, se réunissaient sous les voûtes de la
cathédrale, au milieu d'une énorme affluence de fidèles,
trente-huit évêques, trois abbés mitrés et cent-vingt théologiens. C'était la plus nombreuse assemblée conciliaire
depuis celle de Trente. L'effet fut immense sur l'esprit public. Les désordres financiers, politiques et sociaux
avaient creusé un abîme où la nation avait failli sombrer ;
le peuple, attristé du passé s'effrayait de l'avenir et se
décourageait. On fut heureux et fier d'applaudir un pouvoir resté intact. A la vue de cette Eglise catholique sans
blessures, rayonnante d'espérance, ses ennemis eux-
mêmes furent saisis d'admiration. Dans les précédents
conciles, comme nous l'avons dit, les Pères s'étaient con-
tentés de porter des décrets disciplinaires, il fut jugé opportun en 1866 de s'occuper de l'exposé du dogme catholique. Les temps le demandaient, le protestantisme
s'acheminait rapidement au naturalisme ou semi-rationa-
lisme que propageaient les unitairiens. On commençait à
douter des principes fondamentaux de la religion. Dans
cette atmosphère de négation et de doute le danger était
réel pour les fidèles. Une commission, formée des plus cé-
lèbres théologiens du pays appelés à Baltimore par l'archevêque, avait préparé à l'avance les matières sur lesquelles le concile allait délibérer. Les décrets se rangent
sous quatorze titres. L'existence de la révélation, la divinité de l'Eglise et son unité, la nécessité de la foi et sa
nature, l'autorité des Saintes Ecritures, le mystère d'un
Dieu un en trois personnes, les dogmes de la création, de
la vie future, de l'Incarnation, de l'invocation des saints
sont autant de sujets que traitèrent les évêques pour rap-

peler aux fidèles la doctrine qui s'impose à leur croyance. Le concile crut devoir s'occuper aussi des erreurs modernes pour les condamner et prémunir contre elles leurs ouailles. L'indifférence religieuse, l'unitairianisme, qui nie la divinité du Christ, l'universalisme qui admet le salut final de toute créature et rejette par conséquent l'éternité des peines, le Panthéisme, les abus du magnétisme et du spiritisme firent l'objet de leurs études. Quatre titres ont rapport au Souverain Pontificat, à la hiérarchie, aux personnes ecclésiastiques et aux synodes. Viennent ensuite les décrets sur les propriétés ecclésiastiques, les sacrements, le culte, l'uniformité de discipline, les ordres religieux, l'éducation, les œuvres de zèle, la littérature, la presse, les sociétés secrètes. En lisant cette simple nomenclature des questions sur lesquelles se porta la sollicitude du concile, on serait tenté de comparer son action, dans une certaine mesure, à l'œuvre réformatrice et théologique de Trente. Si le concile œcuménique du xvıᵉ siècle avait été le signal d'un renouveau de vie religieuse dans le monde, l'Eglise d'Amérique pouvait, à son tour, tout espérer de ces solennelles assises nationales. Elle avait le droit d'être fière et de pressentir un épanouissement plus grand encore de toutes ses forces pour le triomphe de la Vérité. Nous aurons à contempler cet essor merveilleux dans la période qui suit.

Bien que nombreuse fût la hiérarchie ecclésiastique au moment du concile, les Pères de cette assemblée jugèrent nécessaire de l'augmenter encore pour répondre aux besoins des temps. Ils demandèrent à Rome l'érection des diocèses de Wilmington dans le Delaware, de Scranton et d'Harrisburg dans la Pensylvanie, de Green Bay et de la Cross dans le Wisconsin, de Saint-Joseph dans le Missouri, d'Omaha dans le Nébraska, de Colombus dans l'Ohio, de Grass-Valley dans la Californie, de Rochester dans l'état de New-York, et obtinrent de plus la création des vicariats apostoliques de la Caroline du Nord, de Mentana et de l'Arizona. Philadelphie et Milwaukee devinrent sièges métropolitains. Ce fut dans cette mémorable réunion de l'épiscopat américain que se décida en principe la fondation d'une Université catholique ; de plus on adopta une méthode régulière et stable pour le choix des candidats à l'épiscopat. Le système choisi pour la nomination des évêques avait varié plusieurs fois depuis l'établissement de la hiérarchie. Quelques additions vinrent encore modifier certains détails au troisième concile national en 1884 ; il sera mieux d'en parler dans un chapitre subséquent.

Les actes du concile furent approuvés et sanctionnés par le Souverain Pontife. Ils ont été universellement étudiés et loués dans l'Eglise d'Europe. Ils forment, on peut dire, une législation complète adaptée à nos temps modernes.

Les sessions publiques de l'assemblée épiscopale avaient attiré, une foule immense. Le président des Etats-Unis n'hésita pas à assister aux solennelles cérémonies de clôture. Il semblait vraiment audacieux de faire une telle démonstration dans un pays, qui, dix ans auparavant, nourrissait encore tous les préjugés et toutes les passions anti-catholiques ; mais « c'était sagesse », dit l'archevêque de Baltimore.

Lorsque l'Eglise apparut revêtue de la splendeur de son indéfectibilité, ceux qui l'avaient méconnue la saluèrent avec respect. La guerre lui avait été profitable ; car en bonne justice bien des familles pouvaient connaître et proclamer son dévouement envers leurs enfants tombés sur le champ de bataille.

C'est ainsi que le catholicisme, après avoir pris possession de l'Amérique dans la première phase de son histoire, sut s'affermir inébranlablement sur le terrain conquis ; nous n'avons plus qu'à étudier la période plus réconfortante encore de son épanouissement et contempler la prodigieuse et providentielle ef. loraison de ses œuvres de Foi et de Charité.

TROISIÈME PÉRIODE

DEPUIS LE SECOND CONCILE NATIONAL (1866) JUSQU'A NOS JOURS

ÉPOQUE D'ÉPANOUISSEMENT

Article Ier

L'Eglise depuis le second concile national jusqu'au troisième.
1866-1884.

L'élan.

Il ne peut entrer dans le plan de cet opuscule de décrire en détails, tous les événements de l'Histoire ecclésiastique des Etats-Unis depuis l'année 1866. Le faire serait d'ailleurs soulever des questions de personnes et aucun motif ne le permet. Il suffira de mentionner les principaux faits qui ont marqué le constant progrès du catholicisme, et les obstacles que l'Eglise a eu à surmonter.

Après la guerre de sécession la République américaine s'unifie de plus en plus. Le gouvernement fédéral acquiert une prépondérance à laquelle les Etats peuvent difficilement se soustraire. Une population de quatre millions de nègres, inculte, sujette à toutes les passions, inexpérimentée dans la vie politique, commence à jouir du droit de suffrage. Sans doute de cette tendance centralisatrice le pouvoir fédéral retirera une nouvelle extension de forces matérielles, mais peut-être résultera-t-il de véritables dangers pour l'Eglise, si le parti appelé à la direction du pays conserve les vieux préjugés des Etats contre la religion catholique, tels que nous les avons vus se manifester avant la Révolution.

N'y a-t-il pas à craindre en vérité que la corruption électorale ne s'infiltre dans les mœurs? Travaillés par les sectes anticatholiques et les sociétés secrètes, les nègres ne seront-ils pas soustraits aux influences du catholicisme? Dans cette centralisation de plus en plus intense ne peut-on pas voir poindre déjà, avec l'instruction obligatoire, un commencement d'antagonisme contre l'enseignement libre et religieux? Toutes ces transformations politiques ne vont-elles pas se faire au détriment des libertés et de la paix que l'Eglise avait si laborieusement conquises? D'ailleurs, dans un peuple qui si rapidement reconquerra sa prospérité, on verra s'accumuler sur la tête de quelques-uns de colossales fortunes, et dès lors les questions sociales ne vont-elles pas susciter les plus grandes entraves à la marche de cette Eglise, en l'exposant à n'être comprise ni des travailleurs, ni des capitalistes? Les jouissances même d'une ère de progrès universel dans un pays aux richesses prodigieuses, dans une atmosphère de sensualisme protestant, n'engendreront-elles pas l'indifférence des fidèles à l'égard de cette même Eglise? Comment allait-elle, cette Eglise, soumettre à son action ce jeune peuple passionné pour l'indépendance, fait d'individualisme à outrance, au fond généreux, loyal dans sa vie politique comme dans sa vie sociale, sincèrement chrétien, mais non sans quelque instinct d'opposition à l'Eglise romaine. La question est du plus grand intérêt (1).

En décembre, 1869, le concile du Vatican ouvrait sa

---

(1) Le champ dans lequel l'Eglise allait se mouvoir était vraiment immense. Que le lecteur se rappelle la description faite dans les premières pages de ce résumé de l'étendue des Etats-Unis et de leurs inépuisables ressources. Aujourd'hui la guerre Hispano-Américaine vient de les enrichir de l'archipel des Philippines et d'une population de six à sept millions d'âmes, de placer sous son contrôle les îles de Cuba et de Porto Rico sur lesquelles son action commerciale et politique peut s'exercer et grandir sans entrave.

première session. Les Etats-Unis y étaient représentés par quarante-neuf prélats. Devant eux se posait la question de l'infaillibilité papale. Mgr Spalding et la plupart de ses frères dans l'épiscopat ne croyaient pas à la nécessité d'une définition formelle. Ils étaient personnellement, ainsi que leurs fidèles, attachés à la doctrine et ils fondaient précisément leur manière de voir sur cette adhésion générale des catholiques. Il leur semblait que le mieux serait de condamner d'abord toutes les erreurs opposées au dogme qui se trouverait ainsi implicitement défini. C'est dans ce sens qu'apparut un « postulatum » signé par Mgr Spalding et intitulé : *Schema pour la définition de l'Infaillibilité du Souverain Pontife selon les principes déjà reçus dans l'Eglise*. Le document fut à l'instant l'objet des oppositions, comme des approbations des Pères du Concile. Quoi qu'il en soit, nulle part ailleurs que dans les Etats-Unis le dogme défini ne fut reçu avec plus de soumission (1).

L'archevêque de Baltimore mourut en 1872. Par ses talents d'écrivain, non moins que par son dévouement d'apôtre, Mgr Spalding est une des grandes figures de l'Eglise américaine, le digne successeur de Mgr Kenrick. Il fut remplacé sur le siège métropolitain du Maryland par Mgr Bayley qui, après un court mais fécond épiscopat, alla recevoir au ciel sa récompense du suprême pasteur des âmes, et céda la place en 1877 au jeune évêque de Richmond, aujourd'hui l'illustre cardinal Gibbons.

Au printemps de 1875, la nomination de l'archevêque de New-York, Mgr Mc Closkey au cardinalat, fut comme le couronnement de cette hiérarchie ecclésiastique qui, depuis moins d'un siècle, s'était si fortement constituée en Amérique. En 1879, le nouveau cardinal consacra la splendide cathédrale de New-York. Cet édifice était le

(1) Voir quelques belles considérations sur l'acceptation de ce dogme dans l'article de M. Brunetière : Le catholicisme aux Etats-Unis : *Revue des Deux-Mondes*, nov. 1898.

fruit de vingt ans de contributions volontaires, et des aumônes recueillies près des pauvres catholiques, au milieu même de leurs persécutions. La même générosité se retrouve à Boston, la capitale de cette nouvelle Angleterre où le puritanisme n'avait cessé de se montrer hostile au catholicisme. Des églises s'élevaient de tous côtés, de nouveaux évêchés se créaient : celui de San Antonio dans le Texas, ceux de Kansas-City dans le Missouri et de Davenport dans l'Iova en 1881. Chicago devenait un archevêché en 1880.

Le nombre sans cesse grandissant des fidèles et des prêtres, le développement des ordres religieux, la diversité des œuvres auxquelles l'Eglise devait se livrer, le nombre toujours croissant des institutions qu'elle fondait, semblaient exiger que l'épiscopat tout entier se réunit une troisième fois pour concerter ses moyens d'action, et perfectionner encore l'esprit de discipline qui fait sa force. D'autres raisons encore se présentaient à l'esprit des évêques. Le contact de plus en plus intime de l'Eglise avec les pouvoirs civils et avec la nation, les besoins et les dangers du nouvel état social et le progrès matériel lui-même nécessitaient une sérieuse entente entre les chefs des diocèses.

Le Souverain Pontife, Léon XIII, fit venir à Rome les archevêques américains pour préparer avec eux le futur concile national qui s'ouvrit en 1884 à Baltimore, sous la présidence de Mgr Gibbons, nommé à cet effet délégué apostolique du Saint-Siège.

Soixante-quinze archevêques et évêques, six abbés mitrés, trente-deux supérieurs d'ordres religieux, onze supérieurs de séminaires et plus de cent théologiens formaient ces solennelles assises. En 1866, à l'époque du dernier concile, il y avait aux Etats-Unis sept provinces ecclésiastiques ; en 1884, le nombre avait presque doublé et s'élevait à douze. En 1866, l'Eglise américaine se composait de trente-cinq évêques, elle en comptait soixante-trois en 1884. La comparaison vaut la peine d'être faite.

Cette fois, les grandes manifestations religieuses dont le concile fut l'occasion se déployèrent dans les rues mêmes de la ville de Baltimore, et les autorités civiles n'hésitèrent pas à donner à l'assemblée les témoignages les moins équivoques de leur respect. De ce concile sortit une législation ecclésiastique, dont le mérite incontestable est son admirable adaptation aux circonstances de temps et de pays dans lesquelles elle fut conçue et formulée. Les questions les plus importantes sur lesquelles elle porte sont : les relations des prêtres de paroisse avec leurs évêques, les droits des métropolitains, la propriété ecclésiastique, l'éducation du clergé, les Universités, séminaires et écoles, le ministère sacerdotal, la procédure ecclésiastique et les causes matrimoniales. En ce qui concerne la nomination des évêques, voici le système qui fut soumis à Rome et sanctionné par le Souverain Pontife : tous les trois ans les Ordinaires envoient à leurs métropolitains et à la Sacrée Congrégation de la Propagande les noms des ecclésiastiques qu'ils jugent dignes de l'Episcopat. Quand un siège devient vacant, tous les curés inamovibles du diocèse et les prêtres qui ont le titre de consulteurs sont convoqués en assemblée par le métropolitain, ou par l'évêque le plus âgé de la Province. Après avoir prêté le serment de n'élire, selon leur conscience, que le sujet le plus méritant, les membres de l'assemblée envoient une liste de trois candidats aux évêques de la Province et à la Propagande de Rome. Au bout de dix jours, les évêques assemblés, à leur tour, choisissent aussi trois noms sans être obligés de tenir compte de la liste des consulteurs, pourvu, toutefois, qu'ils donnent à la Congrégation les raisons de leur conduite. Rome se réserve de faire le choix définitif comme elle le juge à propos. S'il s'agit d'élire un archevêque ou un coadjuteur d'archevêque, tous les métropolitains des Etats-Unis sont consultés.

Mgr Kenrick, dans le second concile national, avait eu la pensée de demander à Rome la création de chapitres cathédraux, semblables à ceux d'Europe. Le projet ne se réalisa pas, mais le troisième concile obtint l'institution de prêtres consulteurs destinés à remplacer, d'une certaine manière, les chanoines. Ces prêtres, au nombre de quatre ou six par diocèse, sont élus par l'évêque, mais avec le concours du clergé pour la moitié d'entre eux. Le droit de ces conseillers diocésains est d'être consultés sur la question de l'opportunité des synodes, le démembrement des paroisses, la transmission des paroisses aux ordres religieux, le choix des commissions de séminaires, l'aliénation des biens d'église, etc. Ils sont élus pour trois ans et se réunissent quatre fois par an. Un autre progrès dans l'organisation des diocèses fut la création d'un bureau d'examinateurs du jeune clergé. Ces examinateurs sont élus en synode au nombre de six ; si l'élection se fait en dehors d'un synode, l'avis des consulteurs doit être demandé. Il est requis que ceux-là soient licenciés ou docteurs en théologie, et ils prêtent serment de s'acquitter de leur charge en conscience sans jamais recevoir de présents. Chaque diocèse a en outre ses recteurs ou curés inamovibles, dont le nombre peut s'élever jusqu'à un dixième du clergé diocésain. Les conditions requises pour motiver cet honneur sont que ces curés de paroisse aient au moins dix ans de ministère, et qu'ils possèdent des talents d'administration constatés. La nomination se fait au concours. Ils ne peuvent être changés que pour des raisons canoniques d'après l'instruction de la Propagande sur la discipline : *Cum magnopere.*

Le concile traita la question importante des grands et petits séminaires, et traça leurs programmes d'études dans lesquels il introduisit les sciences naturelles. Il exigea des étudiants ecclésiastiques deux ans de philosophie et quatre ans de théologie et droit canon. Les relations des réguliers chargés de paroisse avec leurs Ordinaires furent aussi l'objet de ses sollicitudes. Il exprima le désir de voir se créer un centre d'éducation supérieure pour le clergé et la jeunesse catholique, et approuva, dans ce but, la fondation d'une Université qui serait placée dans une grande ville sous la direction exclusive des évêques.

Le problème des écoles, on l'a vu plus haut, avait toujours été l'objet de l'attention particulière des conciles de l'Eglise américaine. « Nous désirons ardemment, avait dit le premier concile, vu les grands maux qui menacent notre jeunesse, que des écoles soient attachées à chaque église. » Le second concile n'avait pas été moins explicite. En 1875, la sacrée Congrégation de la Propagande avait envoyé une instruction aux Evêques des Etats-Unis, pour les prier de prémunir la jeunesse contre une éducation simplement séculière. « Il peut arriver, dit le troisième concile, que des parents croient avoir de bonnes raisons pour envoyer leurs enfants aux écoles publiques, il importe que la décision soit laissée à l'évêque du lieu, et que la permission ne soit donnée que sur des garanties sérieuses d'une éducation chrétienne. » L'assemblée de 1884 ordonna, en conséquence, que dans l'espace de deux ans, les pasteurs se missent à construire des écoles paroissiales. D'après sa législation, le prêtre qui négligerait ce devoir pourrait être changé de poste, l'école devant être (1) considérée comme un élément essentiel de la paroisse. La même assemblée recommanda aux séminaires de s'occuper de pédagogie, et de faire faire des conférences fréquentes sur l'éducation ; elle exprima aussi son désir de fonder en temps opportun une école normale pour les instituteurs et les institutrices. L'année qui suivit le concile, les évêques nommèrent dans chaque diocèse une commission scolaire, et un examinateur général chargé de faire tous les ans un rapport sur l'état des écoles catholiques.

Vinrent ensuite les décrets sur les collèges ecclésiastiques, la presse, l'évangélisation des nègres et des Indiens, les missions à l'intérieur pour les émigrants d'Europe et l'œuvre de la Propagation de la Foi. Pour celle-ci,

(1) Voir *le vicomte de Meaux*, p. 181.

il fut ordonné de faire une quête deux fois par an dans chaque diocèse.

Le concile, en condamnant de nouveau les sociétés secrètes, recommanda les associations catholiques ; nous verrons plus bas comment cette invitation à l'union des forces fut merveilleusement entendue des fidèles. Les Pères de l'assemblée crurent aussi devoir proclamer solennellement le droit pour l'Eglise de posséder et d'administrer ses biens temporels. L'évêque devait être libre de se choisir pour chaque paroisse un conseil de laïques dont le curé serait toujours le président, mais il fut défendu au clergé de s'immiscer dans les gérances de banque ou affaires d'argent.

Telle est, en résumé, la législation du troisième concile national.« Les décrets de ce concile, dit le cardinal Gibbons dans son « Ambassadeur du Christ », comprennent à peu près toute la législation des autres synodes nationaux ou provinciaux des Etats-Unis. Ce qui en fait le mérite incontestable, c'est qu'ils ne ressemblent nullement, pour ainsi dire, à « du vin nouveau mis en de vieilles bouteilles ». Pas une seule disposition, pas une seule loi qui ne soit appropriée au temps, et adaptée à notre pays. C'est pour le clergé américain un motif de joie, de voir quelle estime les hommes les plus éminents de l'Eglise en Europe professent à l'égard de notre concile de Baltimore ; le Saint-Siège lui-même s'est plû à le recommander à d'autres pays comme un modèle à suivre. »

Le concile général se termina par de splendides cérémonies publiques. Les processions solennelles de plus de mille membres du clergé américain dans les rues de Baltimore donnèrent au pays un spectacle que nulle autre dénomination religieuse ne pouvait espérer de reproduire. Les sympathies de la municipalité Baltimorienne s'exprimèrent avec un caractère de courtoisie exceptionnelle que nous avons de la peine à expliquer, chez un peuple qui place à la base de sa constitution la séparation de l'Eglise et de l'Etat. Qu'il me suffise d'en citer un seul exemple. L'administration avait fait installer un bureau de poste dans le séminaire sulpicien où se tenaient les séances du concile. Les rues mêmes, aux alentours de l'institution, avaient été sablées pour éviter tout bruit de voiture et ne point troubler les réunions des Evêques. Sur l'Initiative de ses principaux citoyens catholiques et protestants, et selon le désir formel du maire et de son conseil municipal, la ville eut à cœur de donner, dans les salles de l'Hôtel-de-Ville, une soirée solennelle pour remercier les prélats de l'honneur fait à la cité par leur présence.

La lettre pastorale que les Pères adressèrent aux fidèles à l'issue du concile fut admirable de patriotisme. « Nous n'avons aucune crainte, disait-elle, que vous soyez emportés par le courant des erreurs modernes, mais nous ne pouvons ignorer, cependant, que le scepticisme et l'irréligion ont pris à tâche de détruire la Foi dans notre cher pays. Ce double fléau tente de pénétrer dans les grandes institutions d'éducation de nos concitoyens non catholiques. Il a fait déjà, bien que rarement encore, son apparition dans leurs journaux et dans leurs chaires. Si nous ajoutons à ce mal le rapide développement d'une fausse civilisation qui, sous le nom de lumière et de progrès, n'a de culte que pour l'argent, d'attrait que pour le confort matériel, sans se préoccuper des aspirations plus élevées de la nature, nous tremblons de crainte que le matérialisme n'envahisse bientôt notre société. La première chose qui périrait alors, serait notre liberté ; car ceux qui ne reconnaissent point de religion, ne peuvent respecter les droits inaliénables que les hommes ont reçus de leur Créateur. L'Etat deviendrait despotique, que le pouvoir soit entre les mains d'un seul ou de plusieurs ».

Après quelques réflexions sur le concile du Vatican et ses définitions la lettre continue ainsi : « Vous connaissez assez les lois de notre pays, son esprit et ses institutions, pour déclarer hautement qu'il n'y a nul antagonisme entre l'Etat et l'Eglise. Un catholique se trouve chez lui aux Etats-Unis, car l'influence de l'Eglise sur le sol américain s'est toujours exercée en faveur des droits individuels et des libertés populaires. Nulle part un américain ne peut se sentir plus à l'aise que dans l'Eglise catholique, car nulle part il ne peut respirer plus librement l'atmosphère de Vérité divine qui, seule, peut le rendre libre. Nous nions avec énergie qu'il nous faille renoncer à notre dévouement à l'Eglise pour être un véritable américain, et qu'il soit nécessaire de diminuer notre amour des principes et des institutions de notre pays pour rester catholiques. Il est illogique de croire, qu'il y ait incompatibilité entre le caractère de liberté de nos institutions et la parfaite docilité à l'Eglise. L'esprit de la République américaine n'est pas un esprit d'anarchie et de licence. Il implique essentiellement l'amour de l'ordre, l'obéissance aux justes lois et le respect des autorités légitimes. Le catholique, par instinct non moins que par éducation religieuse, refuserait de se soumettre, en matière de religion, au dictamen de l'Etat et d'aucune autorité humaine. Il sait que l'Eglise et la Religion sont de Dieu, universelles et non nationales. Nous sommes fiers de nous dire, non l'Eglise des Etats-Unis, mais partie intégrante de l'Eglise catholique qui est le corps mystique de Jésus-Christ. En Elle il n'y a distinction ni de classes ni de nationalités, mais tous sont un en notre Rédempteur. »

Suivent alors différentes instructions et directions relatives aux décrets même du concile ci-dessus mentionnés.

Ainsi s'épanouissait et se fortifiait cette Eglise du Nouveau-Monde, si faible il y a à peine un siècle, aujourd'hui si riche d'espérances !

Article II.

Depuis le 3° concile national (1884) jusqu'en 1880.
Les centenaires.

En 1886, l'archevêque de Baltimore qui avait, comme délégué du Saint-Siège, présidé le concile, fut élevé au cardinalat. Il l'avait mérité. Autour de sa personne, dans cette auguste assemblée, avait rayonné en toute sa splendeur l'unité de l'Eglise américaine à laquelle, par ses qualités d'esprit et de cœur, il avait donné, pour ainsi dire, un attrait plein de charmes. Le cardinal Gibbons est, lui aussi, une des grandes figures de l'Eglise en Amérique. Patriote jusqu'à la dernière fibre de son âme, sans aveuglement et sans chauvinisme, il est, à ce titre, le digne successeur des Carroll et des Maréchal. Ecrivain élégant, apologiste convaincu et persuasif, il combat sans blesser ses adversaires, il les entraîne à la Vérité en la leur faisant aimer. La simplicité de sa vie fait impression, quand, dans les rues de sa ville épiscopale on le rencontre, lui, Prince de l'Eglise et le pair des grands de la terre, entouré des enfants qui aiment à le saluer et à recevoir de ses lèvres un aimable sourire. Son tact exquis, sa sagesse consommée, sa piété exemplaire, sa fidélité dans ses amitiés, créent pour sa personne vénérée des attachements inviolables et des élans spontanés d'admiration. Mais il est apôtre avant tout, et apôtre infatigable, par ses écrits tout aussi bien que par son ministère. Il prêche, il confesse comme un simple prêtre au milieu des labeurs de son administration diocésaine et des immenses responsabilités de sa haute situation. Son amour pour l'Eglise ne connaît point de bornes. Son idéal, c'est qu'elle soit l'amie du peuple comme son divin chef. On ne peut oublier sa généreuse intervention dans l'affaire des chevaliers du travail lorsque, soutenu par soixante-dix évêques d'Amérique, il réussit à écarter d'une

association d'ouvriers la condamnation qui la menaçait (1).
L'ordre des « chevaliers du travail », fondé en 1869 à Philadelphie, était, dans le principe, une véritable société secrète ; il fut réformé, en 1879, par un de ses grands maîtres,
M. Powderly, qui fit supprimer dans la formule du serment
et dans les cérémonies d'initiation, tout ce qu'il y avait de
blessant pour les catholiques ; cette réforme donna une
vive impulsion à la société qui devint dès lors publique.
Ce parti, néanmoins, fut condamné par le cardinal Tas-
chereau, archevêque de Québec, et les évêques canadiens.
C'était avec raison ; car, il s'était implanté dans le Canada
par l'entremise d'un Juif, Heilbronner, et il propageait
des grèves dans un pays paisible jusque-là, où les abus
dans le régime du travail sont fort rares. Aux Etats-Unis,
la situation générale est toute autre, et, la grande majorité
des évêques, à leur tête le cardinal Gibbons, crurent devoir ne pas décourager la tentative de M. Powderly désireux de donner une meilleure direction aux « chevaliers
du travail ». Celui-ci espérait qu'on pourrait trouver dans
cette puissante organisation un moyen efficace de modé-
rer le mouvement socialiste.

Depuis le concile de nouveaux sièges épiscopaux ont
été créés : ceux de Syracuse dans la Province de New-
York ; de Sacramento dans la Province de San-Francisco
en 1886 ; ceux de Concordia, Wichita et Leawenworth
dans la Province de Saint-Louis en 1887 ; ceux de
Cheyenne et de Lyncoln, suffragants actuels de l'archevêché de Dubuque, ceux de Belleville et de Péoria dans la
Province de Chicago, ceux de Saint-Cloud et de Duluth
sous la juridiction métropolitaine de l'archevêque de Saint-
Paul, et celui de Denver dans le Colorado. Le vicariat
apostolique d'Omaha fut élevé au titre d'évêché en 1885 ;
le diocèse de Jamestown fut formé en 1889.

(1) Voir le texte de sa lettre au Souverain-Pontife dans l'association catholique du 15 mai et 15 juin 1887. Consulter les *Etats-
Unis contemporains* de Claudio JANET, tome II, 4e édition, ch. XXVI.

C'est au milieu de cette efflorescence de vie catholique
que fut célébré, en 1889, le centenaire de la fondation du
premier diocèse et de l'établissement de la Hiérarchie catholique aux Etats-Unis. Le contraste était frappant. Au
lieu d'un évêque et de 15.000 fidèles, il y avait, nous l'avons
dit, 75 archevêques ou évêques, 10.000 prêtres, et près de
10.000.000 de fidèles. Le spectacle fut magnifique. Des
centaines de prêtres ou religieux, le cardinal de Québec,
des évêques étrangers, un envoyé du Saint-Siège, vinrent
se joindre à l'épiscopat américain pour les solennités. La
cathédrale qui, soixante ans auparavant, était considérée
comme. le plus grand édifice religieux, ne pouvait contenir
le peuple fidèle. Ce jour-là, dit le vicomte de Meaux té-
moin de ces fêtes, l'Eglise militante des Etats-Unis paraissait triomphante. Du haut de la chaire, la voix des évêques célébra ce triomphe. A la messe pontificale, l'archevêque de Philadelphie, considérant le siècle écoulé, et
mesurant le chemin parcouru, rapporta ce merveilleux
épanouissement du catholicisme à Dieu d'abord et à ses
ministres, ensuite aux institutions libres des Etats-Unis.
Il montra que la religion catholique profitait plus que tout
autre culte de la liberté de conscience, et revendiqua pour
l'Eglise l'honneur d'avoir inauguré cette liberté dans le
Maryland. Sans méconnaître qu'en d'autres temps et en
d'autres contrées, l'union de l'Eglise et de l'Etat avait été salutaire autant que légitime, il déclara qu'il n'est pas, dans la
constitution des Etats-Unis, de disposition plus bienfaisante
que celle qui les tient séparés. Si parfois, dans le combat,
à travers les contradictions de doctrines, il arrive au chrétien fidèle de s'aventurer au delà des justes bornes, mieux
vaut après tout, s'écriait l'archevêque, la liberté avec ses
méprises que la servitude avec ses abaissements. A l'office du
soir, l'archevêque de Saint-Paul contempla l'avenir. Son
superbe discours n'était qu'un appel à l'amour du siècle
présent, pour préparer celui qui l'approche, et qui deman-
dera plus que jamais l'action de l'Eglise de Jésus-Christ,

Une voix de l'Angleterre vint se mêler aux espérances qui faisaient battre les cœurs. Ce fut celle de Mgr Vaughan, alors évêque de Salford, mort aujourd'hui après avoir occupé, comme cardinal archevêque, le siège métropolitain de Londres. « Je viens vous exprimer, disait-il au cardinal Gibbons, le sincère regret que j'éprouve de ne pouvoir me trouver au milieu de vous tous ; mais si j'avais eu cet honneur, j'aurais exprimé un vœu : vous passez de l'enfance à la virilité, et commencez à montrer les puissantes énergies de votre vie. Jusqu'ici vous avez été occupés des émigrants, des Indiens, des nègres, et l'Histoire montre vos succès. Voici la pensée qui remplit mon esprit. Il faut maintenant que l'Eglise américaine prenne part aux grands travaux de l'évangélisation à l'étranger. Pouvez-vous espérer que le second siècle de votre existence sera aussi prospère, si vous n'envoyiez pas vos héros missionnaires à toutes les plages inhospitalières où se trouvent des âmes à sauver ? Les besoins de la patrie ne sont point une raison suffisante pour arrêter nos élans. L'Afrique s'ouvre, le Japon est mûr. Donnez et on vous donnera. Elargissons nos cœurs, nourrissons en nous l'esprit apostolique ». Cet appel fut entendu ; je le dirai tout à l'heure.

Il semblait que toutes les nobles causes s'étaient donné, dans ces circonstances, un brillant rendez-vous. On faisait son examen de conscience, on prenait des résolutions, on s'animait à la poursuite de l'idéal chrétien. Le Père Hewitt, de l'ordre des Paulistes, se faisait l'écho de toutes les âmes sacerdotales lorsqu'il disait : « Le siècle qui vient de finir est vraiment plein de consolations ; quel sera l'avenir ? Il sera grand encore, si le prêtre sait unir à l'activité extérieure, la vie intérieure. Peut-être les besoins urgents des fondations de tout genre nous entraînaient-il au dehors de nous-mêmes. C'est l'esprit surnaturel qui sera la source de toutes nos grandeurs. C'est la sainteté ! » Tel était aussi, quelques années plus tard, le langage du cardinal

Gibbons dans son dernier ouvrage, « l'Ambassadeur du Christ ».

A cet éclatant centenaire de la hiérarchie se rattachent deux faits importants qui ne sont pas les moindres preuves de l'épanouissement de l'Eglise américaine : le premier congrès catholique laïque sous la direction de l'autorité ecclésiastique, et la fondation de l'Université catholique de Washington dont le concile national de Baltimore avait émis le vœu en 1852.

Le congrès eut pour président M. Carroll, ancien gouverneur du Máryland, parent éloigné du premier évêque de Baltimore. Quinze cents délégués venus des diverses provinces de l'Union, particulièrement des lointaines contrées de l'ouest, rangés comme en bataille sous la bannière de leurs Etats respectifs, écoutèrent et acclamèrent leurs orateurs. L'un des membres les plus marquants de cette assemblée fut le colonel Bonaparte, petit fils de Jérôme Bonaparte qui avait épousé miss Patterson à Baltimore en 1803. Le ministre du Canada, Mercier, était présent aussi. Dans cette réunion où se trouvait l'élite des fidèles, plusieurs grandes questions furent étudiées en commun, celles, entre autres, de la presse, de l'organisation des associations religieuses, des écoles libres, de l'éducation des nègres et de la coopération des laïques aux œuvres du clergé. Les séances se tenaient dans la grande salle de musique de la ville. Le maire Latrobe s'y rendit au nom de la cité de Baltimore pour souhaiter la bienvenue aux délégués et les inviter à une grande soirée donnée, en leur honneur, à l'hôtel de Ville. Le Président de la République, Harrison, n'ayant pu venir, se fit excuser ; le Gouverneur du Maryland y fut plusieurs fois présent. Le chef des Indiens était là. Les députés catholiques de Belgique et de France firent parvenir félicitations. Une réunion nationale d'hommes d'opinions politiques différentes, ainsi rapprochés par une foi commune, n'était pas un spectacle banal que l'Américain pouvait contempler avec indifférence. Un journaliste étranger aux croyances de ses membres écrivait le lendemain. « Si les délégués du congrès de Baltimore sont vraiment la représentation exacte de leur Eglise, si cette élite a derrière elle un peuple qui lui ressemble, qu'on prenne garde, tout notre pays sera catholique dans un demi-siècle. » A l'assemblée délibérante du jour, succédaient, le soir, dans les rues illuminées et pavoisées aux couleurs des Etats-Unis et du Saint-Siège, les processions aux flambeaux, au milieu d'une foule paisible et joyeuse. Plus de 30.000 catholiques défilèrent, au dernier jour, devant le cardinal et les évêques.

Les fêtes du centenaire se clôturèrent par l'ouverture de l'Université catholique. Jusqu'à cette époque, l'Eglise américaine avait construit, bâti, fondé des diocèses, créé des paroisses, établi des écoles. Elle avait distribué la parole divine à son peuple, administré les sacrements à un troupeau qui s'accroissait sans cesse. Elle n'avait pu avoir d'enseignement supérieur. Les catholiques avaient été trop pauvres. Le moment était venu de couronner cette activité d'un siècle par une institution qui serait une source féconde de nouvelles expansions pour l'avenir. La première donatrice de fonds qui permit aux évêques de réaliser leur idéal fut une orpheline : miss Caldwell, héritière d'une fortune immense. Elle remit entre les mains des autorités ecclésiastiques 300.000 dollars (1.500.000 francs) pour commencer. Cette brillante cérémonie eut pour témoins le délégué apostolique du Saint-Siège et le secrétaire d'Etat américain. « Je suis venu, dit le ministre au banquet qui suivit, pour représenter les Etats-Unis, non pas dans un sens politique et de parti, mais pour le bien public. L'Université nous donnera plus de talents et le pays en profitera ». Harrisson, le président, vint s'unir à la joie publique. Des télégrammes arrivèrent d'Irlande, du Canada, de l'Angleterre, de la Belgique, de la France et de l'Italie.

L'Université catholique a prospéré. Elle possède aujourd'hui les trois facultés de droit, de lettres et de théologie qui se compléteront un jour par la faculté de médecine. La faculté de théologie comprend quatre branches d'études ecclésiastiques avec leurs chaires respectives : les sciences bibliques et les cours de langues orientales sémitiques, la théologie dogmatique, morale et ascétique, les sciences historiques connexes à l'apologétique et la patrologie. Neuf professeurs, quatre agrégés et plusieurs répétiteurs forment la faculté des lettres ou de philosophie, à laquelle se rattachent les chaires de philosophie morale, de sciences naturelles et exactes, de littérature grecque et de littérature anglaise. Outre les cours de droit civil et de droit romain, la faculté de droit comprend les diverses sciences sociales, économiques et politiques qui lui permettent d'exercer une influence croissante sur la jeunesse laïque. Un enseignement technologique ou de mathématiques appliquées est adjoint à ces trois facultés. On y trouve, aujourd'hui, une chaire de pédagogie. Le nombre des élèves a été pour l'année 1900 de 176.

L'université de Washington fait déjà sentir son action dans les « Summer schools » et les « Winter schools » ou écoles d'hiver et d'été. On appelle de ce nom des réunions de professeurs, d'ecclésiastiques et de laïques de toute condition ; ces réunions ont lieu pendant les deux saisons de vacances dans des villes déterminées où des orateurs de choix donnent des conférences sur toutes les grandes questions religieuses, scientifiques ou historiques. Consciente de sa mission providentielle, en face de l'agnosticisme de notre siècle et des exigences actuelles de l'apologétique chrétienne, l'Université catholique américaine se prépare dans le travail à la formation sérieuse d'un clergé et d'une jeunesse d'élite.

D'autres institutions célébrèrent aussi leurs centenaires, entre autres le séminaire sulpicien de Baltimore et l'université des Pères Jésuites à Georgetown.

Léon XIII mit le couronnement à cette merveilleuse évolution du catholicisme par la création d'une délégation apostolique à Washington. Cette délégation est strictement ecclésiastique et non diplomatique. Le délégué n'est pas accrédité auprès du gouvernement de Washington, mais auprès des archevêques et évêques des Etats-Unis. Les autorités civiles ont toujours rendu de plein gré au délégué du Saint-Siège les honneurs que réclame sa haute situation, comme elles le font, d'ailleurs, envers tous les dignitaires de l'Eglise Romaine. Les relations entre le pouvoir civil et religieux sont donc officieuses plutôt qu'officielles.

En huit jours, dit M. le vicomte de Meaux, l'Eglise catholique des Etats-Unis, clergé et peuple, venait de se montrer sous tous ses aspects. Elle avait déployé sa Hiérarchie sacrée, organisé parmi les laïques une assemblée délibérante et une manifestation populaire, inauguré enfin une institution savante. Elle apparaissait se conformant au génie du peuple américain, s'appropriant ses progrès et, tout ensemble, s'efforçant de donner à cette société ce qui lui manque, de corriger ce qui la dépare.

Article III.

De 1889 à nos jours.

Les problèmes.

Pas plus dans le présent que dans l'avenir, l'Eglise américaine ne pouvait espérer remplir sa mission sans épreuves. Elle avait connu la lutte depuis sa première apparition dans la République, son progrès ne se réalisera jamais qu'aux prix de pénibles travaux. L'intelligence même de ses devoirs, au milieu de cette société qui se forme, et que tant de dangers politiques, religieux et sociaux menacent, ne s'acquerra pour elle qu'à travers des incertitudes, des tâtonnements et des expériences à renou-

veler sans cesse. C'est, peut-être, la caractéristique de son
histoire pendant ces dernières années. On la voit étudier
son rôle providentiel en face du siècle nouveau qu'agitent
tant de problèmes. Elle s'enflamme du désir du bien, mais
elle se tient prête à corriger ses hardiesses, si ce bien même
après lequel elle soupire l'exige, de par les directions venues
de l'autorité suprême.

Je ne devrai faire ici qu'un rapide tableau de faits, pour
indiquer la marche de l'Eglise Américaine. Une simple
mention de quelques événements importants suffira pour
atteindre mon but.

Nous avons vu quelle méthode fut adoptée au concile
national de Baltimore et sanctionnée par le Saint-Siège
pour la nomination des évêques. Cette question fondamen-
tale du choix des prélats créa au sein de la société catholique, en 1891, une vive agitation connue sous le nom
de « Cahenslysme ». Voici, en quelques mots, l'origine et
la nature de ce mouvement qui menaça de devenir pour
l'Eglise en Amérique une épreuve et un danger (1).

Il s'était fondé, en 1868, en Allemagne, une société dite
« l'œuvre de Saint-Raphaël », pour protéger l'émigration
au point de vue matériel et religieux. En 1891, les direc-
teurs de cette association se réunirent en congrès à Lu-
cerne. Le résultat de leurs délibérations fut un rapport
adressé au cardinal Rampolla, et signé par Cahensley,
secrétaire de la société. Dans ce mémoire, ils déclaraient
que, seule, une intervention active du Saint-Siège pouvait
sauver les intérêts spirituels d'un grand nombre d'Allemands, Italiens et Austro-Hongrois arrivés, dans ces dernières années, aux Etats-Unis. Selon eux, les statistiques
les plus autorisées montraient que les catholiques immigrants avec leurs enfants auraient dû donner à la

____

(1) Voir BRUNETIÈRE. — « *Le catholicisme aux Etats-Unis* », dans l
Revue des Deux-Mondes, novembre 1893. Le vicomte de MEAUX. —
« *l'Eglise et la liberté aux Etats-Unis* ». Appendices. PARSONS. —
Studies in Church-History, vol VI, Pustet, New-York.

République américaine, une population de 20.000.000
de fidèles, tandis que leur nombre ne dépassait pas
10.000.000 (1). A ce lamentable déficit ils assignaient
six causes parmi lesquelles ils plaçaient au premier rang,
l'insuffisance de prêtres de paroisses, le manque d'associations de piété et de bienfaisance propres à chaque
peuple d'émigrants, et l'absence dans l'épiscopat américain de représentants de chaque nationalité. Pour remé-
dier à ce double mal, ils insistaient sur la nécessité de
conserver la langue maternelle parmi les immigrants, et de
créer des paroisses nationales. De fait, l'œuvre de Saint-
Raphaël réclamait une hiérarchie et un clergé distincts,
une organisation ecclésiastique propre à chaque race
d'émigrants (2). Cette demande parût aux américains le
coup le plus sensible qu'on pût porter à leur Eglise et
cela, au lendemain même du jour où le troisième concile
plénier de Baltimore semblait l'avoir définitivement organisée. Les protestants, les prétendus patriotes, les partis
politiques, nous l'avons constaté plus haut, n'avaient jamais cessé de reprocher à cette église son opposition au
pays et à ses institutions. Ils l'avaient envisagée comme
dépendante d'un pouvoir étranger. L'émotion fut grande
dans l'esprit des catholiques américains. La mesure de-
mandée équivalait au morcellement de l'Eglise d'Amérique en églises européennes. L'unité nationale américaine et le lien de la discipline religieuse leur semblaient
en danger. D'autre part, on ne peut le nier, la pétition
faite à Rome prétendait se baser sur des motifs de justice
et de prudence chrétienne. Les points les plus délicats
étaient en jeu. La presse s'empara de la question et
comme toujours la rendit plus irritante et la faussa. Il

(1) Les évêques américains ont protesté contre cette exagération
de calcul, dans une lettre envoyée au Souverain Pontife en 1892.
(2) En 1886, les catholiques allemands avaient même demandé
à la Congrégation de la Propagande d'ordonner qu'aucun allemand,
ou enfant d'allemand, ne fréquentât une autre église que l'église
allemande. La requête fut rejetée.

se forma deux écoles dit Tardivel dans son livre « *La situa-tion religieuse aux* [*Etats-Unis* », l'école de l'assimilation et l'école de la conservation des nationalistes. Toutes deux s'appuyaient sur les raisons les plus sérieuses. L'abandon de la langue n'était-il pas un danger perpétuel pour la foi des immigrants ? Mais n'y avait-il pas aussi des inconvénients d'une exceptionnelle gravité à priver l'Eglise américaine de la sympathie du pays, sympathie qu'elle s'était efforcée de conquérir à travers tant d'épreuves, et dont elle avait si grand besoin pour son œuvre d'évangélisation ? « Loin de nous la pensée, dit Mgr Keane dans un rapport qu'il opposa au mémoire allemand, loin de nous la pensée d'exclure les Allemands de l'épiscopat américain, mais donner à l'Église dans ce pays le caractère d'étrangère sera toujours un danger pour la religion. Il est facile de déchaîner une tempête contre l'Eglise américaine. Il n'y a qu'à nous donner les apparences d'être le produit d'un nationalisme européen ». Une part de vérité se trouvait des deux côtés. Certainement l'abandon des émigrants à leur arrivée sur le continent américain pouvait leur être fatal, rien donc de plus utile que l'établissement de sociétés nationales qui rappèleraient aux nouveaux venus leur langue maternelle, rien de plus opportun que de leur donner des prêtres dont ils fussent connus et aimés. Tout cela avait été fait au début de l'émigration. Mais était-il nécessaire de maintenir, pendant une longue série de générations, la séparation des nationalités, dans le sein de ce peuple américain dont la langue est anglaise, le but à atteindre n'était-il pas de faciliter la fusion des étrangers avec les indigènes, de créer un mélange harmonieux de tous les éléments et de former un seul peuple et une seule église nationale plutôt qu'une division de races sur un même sol, dans une même patrie ? L'irritation se calma seulement lorsque Rome, le 28 juin 1892, écrivit au cardinal Gibbons, qu'il n'était point opportun de faire aucun changement dans le mode de nomination des évêques, et que les intérêts des émigrants étaient suffisamment protégés par leurs concitoyens.

Dans le même temps que les catholiques s'agitaient au
sujet de la question des nationalités, un mouvement plus
profond encore venait troubler la paix de l'Eglise américaine et l'exposer à de graves périls. Je veux parler de la
question des écoles.

Au moment où s'inaugurait l'Université de Washington,
plusieurs centaines de paroisses dans la République, en
dépit des décrets formels du concile général de Baltimore
de 1884, manquaient encore d'écoles primaires. La pauvreté des catholiques était-elle la seule raison de cette lacune ? Dans tous les cas, un an à peine après la fondation
de l'enseignement supérieur, l'archevêque de Saint-Paul,
Mgr Ireland, faisait connaître au public l'arrangement qu'il
venait de faire avec l'Etat de Minnesota, pour transformer en
écoles communales deux écoles paroissiales. Aux termes
des conventions passées par le prélat avec les autorités civiles de Faribault et de Still-Water, les maisons d'éducation de ces deux localités, construites aux frais des fidèles,
étaient louées à la commune, et livrées pendant la durée
des études et des classes aux autorités scolaires laïques.
Les instituteurs et les institutrices formés et installés par
les curés étaient soumis au Comité des écoles publiques.
Un traitement devait leur être alloué. Le programme était
celui des écoles neutres pour les matières d'instruction
obligatoire, mais l'archevêque se réservait de consacrer à
l'enseignement religieux le temps laissé libre en dehors des
heures de classe, et cet enseignement (c'était le point capital) pouvait être donné aux enfants catholiques dans
l'enceinte même de l'école et par les mêmes professeurs
religieux chargés de l'enseignement profane.

Ce contrat appelé « le système de Faribaut » allégeait, à
coup sûr, les charges des catholiques qui, jusqu'ici, devaient soutenir de leurs propres deniers les écoles publiques
et les leurs ; mais beaucoup de prêtres et d'évêques le reje

tèrent. Ils le considéraient comme une fissure qui, allant toujours s'élargissant, minerait à 'la fin tout l'édifice de l'éducation élémentaire catholique, et comme un affaiblissement dangereux des décrets même du concile de Baltimore, désormais, semblait-il, sans objet.

A cette nouvelle agitation vint, hélas ! se joindre une controverse doctrinale dont les conséquences étaient ou pouvaient être une entrave au catholicisme. Elle portait sur les droits de l'Etat (ou plutôt sur l'étendue de ces droits) en matière d'instruction. Convenait-il de reconnaitre à l'Etat, et en particulier à l'Etat qui refuse de professer aucun culte, qualité pour élever la jeunesse ? La polémique s'engagea très vive entre le professeur de théologie morale à l'université de Washington, M. Bouquillon et la *Civilta Catholica*. D'après le docteur universitaire, l'Etat possède, indépendamment de tous principes religieux, des droits sur l'éducation des citoyens. Il peut et doit réglementer la matière scolaire, fixer le minimum d'instruction obligatoire, imposer son programme, punir les parents rebelles à ses prescriptions et exercer juridiction sur les établissements libres.

La *Civilta Catholica* défendait la thèse d'après laquelle, sans parler de l'éducation religieuse qui appartient aux parents sous la juridiction de l'Eglise et non de l'autorité civile, l'instruction, telle qu'elle est en général donnée dans les écoles communales, ne peut-être considérée par les citoyens de la République comme obligatoire ni même comme susceptible d'être, en droit, imposée par l'Etat. Toutes les discussions qui déjà avaient troublé la paix du clergé en Amérique se réveillèrent aussitôt. Ces querelles domestiques retentissaient dans la presse purement politique et dans les journaux les plus étrangers à l'Eglise romaine. La question fut soumise au jugement du Saint-Siège et, en avril 1892, la Sacrée congrégation de la Propagande décréta que, nonobstant les décrets du concile de Baltimore dont la force restait intacte, la combinaison adoptée par Mgr Ireland, dans les circonstances présentes, pouvait être tolérée : *Firmis in suo robore manentibus decretis conciliorum Baltimorensium super scholas parochiales, conventio inita a R. F. D. Joanne Ireland relate ad scholas de Faribault et Still Water, perpensis omnibus circunstantiis, tolerari polest.*

Loin de terminer la dispute, le décret ne fit que la rendre plus intense. Au jugement des éditeurs de la *Civilta Catholica* le *Tolerari polest* impliquait une désapprobation formelle du contrat de Faribault. Dans ces circonstances le Pape Léon XIII jugea prudent de s'adresser le 24 mai 1892 aux évêques de la Province ecclésiastique de New-York. Sa lettre déclarait que si, dans l'application des principes et dans un cas particulier, le législateur pouvait et devait en toute prudence déroger à la lettre de la loi, son désir pourtant était que les décrets des conciles fussent en général fidèlement suivis. En novembre tous les archevêques des Etats se réunirent en assemblée à New-York pour étudier cette grave question des écoles. Le Souverain Pontife avait envoyé dans ce but Mgr Satolli qui présenta aux prélats au nom du Saint-Père quatorze propositions extraites, pour la plupart, des conciles de Baltimore. Ces articles forment de fait un appendice autorisé à la législation des synodes (1). Ce fut alors que dans une lettre adressée à l'épiscopat tout entier, en vertu de son autorité suprême, Léon XIII mit fin à l'agitation déjà trop prolongée, en proclamant de nouveau la nécessité pour le clergé américain de dépenser son zèle sacerdotal à la création d'écoles catholiques et en maintenant aux évêques le droit de décider, selon leur conscience et

(1) Voir le volume intitulé : *Loyalty to church and state.* Baltimore 1895. C'est un recueil des discours prononcés en Amérique par le délégué apostolique, le cardinal Satolli, avec une préface du cardinal Gibbons. Les quatorze propositions sur les écoles sont reproduites dans le premier chapitre. L'esprit général de ce petit code scolaire est plutôt un esprit de tolérance à l'égard des écoles de l'Etat quand la foi ou les mœurs n'y sont point en danger.

leur sagesse, quand les enfants pourraient ou non fréquenter sans danger les écoles publiques.

La question des écoles n'a point reçu aux Etats-Unis sa solution définitive. Les écoles confessionnelles seront-elles entretenues aux frais du public comme les écoles neutres ? Devra-t-il y avoir une répartition proportionnée des impôts de manière à ne point faire peser sur les parents catholiques la double charge de supporter leurs propres écoles et celles de l'Etat ? Là gît le problème duquel ne se désintéressent ni les protestants ni les fidèles.

Au milieu de toutes ces agitations, les relations entre le gouvernement civil et l'Eglise ne laissaient pas de devenir de plus en plus cordiales. A l'époque du jubilé pontifical le Président de la République avait, par l'entremise du cardinal Gibbons, envoyé à Léon XIII un souvenir d'un étrange caractère en apparence, dans un volume superbement relié aux armes du Souverain Pontife. C'était la constitution même des Etats-Unis. La lettre de remerciement que le Saint-Père envoya par le cardinal Gibbons au Président de la République, parlait avec éloge de ces lois constitutionnelles qui valurent sa liberté à l'Eglise américaine. Quand, en 1892, on annonça que le gouvernement et le peuple des Etats-Unis avaient l'intention de célébrer, par une exposition universelle, le quatrième centenaire de la découverte de l'Amérique, le Pape, à son tour, exprima le désir de s'associer personnellement à une manifestation si légitime de patriotisme. Mgr Satolli fut délégué pour assister à l'inauguration des fêtes. Au nombre des souvenirs envoyés par Léon XIII, se trouvait la carte fameuse sur laquelle Alexandre VI avait tracé, entre les Espagnols et les Portugais, la ligne de démarcation de leurs provinces dans le Nouveau-Monde. Dans une lettre en réponse aux délicates attentions du Souverain Pontife, le secrétaire d'Etat de Washington reconnaissait la part intime que l'Eglise catholique avait prise aux découvertes du grand explorateur génois.

Un événement singulier eut lieu en 1893. Je veux parler de la participation de l'Eglise catholique des Etats-Unis au parlement des religions de Chicago. Depuis son intervention dans l'affaire des chevaliers du travail, dit Brunetière, aucun des actes qu'elle ait accompli n'a eu plus de retentissement en Europe. La démarche était délicate. Voulait-on trouver un terrain de conciliation entre le protestantisme et le catholicisme ? Jamais les évêques n'avaient un instant entretenu pareille pensée. L'intention des prélats était-elle de soumettre ou d'exposer leur Eglise aux jugements contradictoires des autres religions ? Loin de là : L'idée de faire connaître la doctrine catholique se plaçait au premier rang dans l'esprit des Evêques ; mais sans vouloir permettre que cette doctrine se discutât comme tout autre système religieux. « Le but, disait Mgr Keane au troisième congrès scientifique international des catholiques tenu à Bruxelles en 1894, le but était d'unir les protestations de toutes les formes des croyances religieuses contre le matérialisme et l'agnosticisme, de les opposer à toutes les formes d'irréligion et d'incrédulité, et de montrer, par là, combien celles-ci sont contraires aux idées fondamentales du genre humain et à son bonheur ». « Je manquerais à mon devoir de ministre de l'Eglise catholique, disait le cardinal Gibbons s'adressant aux congressistes, si je ne vous disais, avant tout, combien vif serait mon désir de présenter les titres de l'Eglise catholique au respect, et si c'était possible, à l'acceptation de tout ce qu'il y a parmi nous d'auditeurs de bonne volonté. Je sais que je possède en ma Foi un trésor au prix duquel tous les trésors de la terre n'ont rien que de méprisable. Mais si nous ne pouvons nous accorder sur les matières de Foi, je rends grâce à Dieu qu'il y ait du moins un terrain sur lequel nous pouvons tous nous rencontrer et nous entendre : c'est celui de la charité, de l'humanité et de la bienfaisance. » Toute idée de controverse doctrinale était donc écartée.

L'Eglise catholique américaine ne proposa pas la convocation de ce parlement. Son acceptation, d'ailleurs, fut loin d'être unanimement approuvée aux Etats-Unis eux-mêmes. Quelques années plus tard, le cardinal Gibbons n'hésitait point à réprouver, pour la France, la tentative d'un pareil congrès. Léon XIII sembla blâmer cette participation de l'Eglise au parlement dans une lettre au cardinal Satolli tenue alors secrète.

Entre temps la hiérarchie ecclésiastique continuait à se développer et à se fortifier. Le Saint-Siège créa le vicariat apostolique du territoire indien et la préfecture apostolique d'Alaska d'une étendue plus vaste que la France. Cette immense région compte une population de 70.000 âmes dont 9.000 seulement sont catholiques. Il n'y a que cinq églises avec résidence de missionnaires. Treize Pères Jésuites s'y dévouent à l'évangélisation des Esquimaux ou des autres tribus indiennes. Les sœurs de Sainte-Anne du Canada s'y occupent des écoles et de cinq institutions de charité.

La prodigieuse expansion qu'ont prise dans ces derniers temps les ordres religieux d'hommes et de femmes n'est pas une des marques les moins significatives de la vigueur religieuse de l'Eglise américaine. Tous les ordres que possède l'Europe occidentale sont maintenant naturalisés aux Etats-Unis, les chartreux exceptés. Plusieurs congrégations y ont pris naissance : la congrégation des sœurs oblates de Saint-François, fondée en 1810 par un prêtre sulpicien, M. Joubert, pour la direction des écoles nègres ; celle des sœurs de charité de M^mo Seton ; la société des Paulistes, fondée par le P. Hœcker pour la conversion des protestants (1) ; enfin, la branche américaine des pères joséphites pour l'évangélisation des nègres. Outres ses missions, cette dernière congrégation dirige aujourd'hui deux séminaires, un collège, de nom-

____

(1) Cf. Hevitt, *Vie du P. Hœcker*, New-York, 1889.

breuses écoles et quelques paroisses (1). Il y a actuellement aux Etats-Unis quarante-cinq congrégations religieuses d'hommes et quatre-vingt-quinze de femmes ;
trente-six sont d'origine française.

Au développement des ordres religieux se joint la magnifique expansion des séminaires de théologie et des
collèges secondaires qui ont reçu, les uns, de Rome, les autres de l'Etat, le pouvoir de conférer les grades académiques
dans leurs Facultés respectives. Nous avons déjà parlé du
séminaire de Baltimore, de l'Université de Georgetown di-
rigée par les Pères jésuites et de l'Université de Notre-
Dame à Port-Wayne dans l'Indiana. Cette dernière établie,
comme nous l'avons dit, en 1842, sous la direction des
Pères de Sainte-Croix et reconnue par l'Etat, compte près
de 800 élèves. Il y a aujourd'hui aux Etats-Unis une cen-
taine de séminaires ecclésiastiques, y compris les scolasticats des différents ordres religieux. Les séminaires diocésains proprement dits sont au nombre de trente, avec
un nombre de 2 700 élèves. Les scolasticats possèdent environ 1 990 étudiants ecclésiastiques. L'Eglise américaine
a de plus en Europe deux collèges où les évêques envoient
chaque année un certain nombre de jeunes aspirants au
sacerdoce ; à Rome le collège national des Etats-Unis,
fondé par Pie IX en 1859 et élevé au rang de collège pontifical par Léon XIII, compte de 60 à 80 élèves ; à Louvain
le collège américain de l'Immaculée Conception fondé par
l'épiscopat des Etats-Unis avec l'approbation du cardinal
de Malines, et placé sous le patronage des évêques de
Belgique, réunit de 80 à 90 élèves.

Cette fécondité de vie catholique a pénétré partout. Le
congrès laïque dont il a été question plus haut s'était
préoccupé de la diffusion de la presse. Dans la période
coloniale, depuis 1675 jusqu'à la fin du xviiie siècle, l'état

____

(1) Cf. Le petit ouvrage du P. Slattery, supérieur général des Joséphites en Amérique : *Our Africa*, Baltimore, 1875.

d'oppression des catholiques ne leur permettait même pas d'avoir une imprimerie ; les prêtres étaient souvent obligés de copier les missels dont ils se servaient. Après la Révolution américaine, les travaux accablants des missions ne favorisèrent pas non plus l'expansion de la littérature religieuse. Mais, à mesure que l'Eglise s'affermit et que le nombre des fidèles s'accrut, l'activité intellectuelle des catholiques se fit jour dans d'importantes publications. Mgr England, Mgr Kenrick, Mgr Hughes, Mgr Spalding, au sein de la hiérarchie, se distinguèrent par leurs ouvrages de théologie et de controverse. Brownson édita sa revue littéraire et philosophique. Gilmary Shea a mérité, par le nombre et la valeur de ses œuvres, le titre d'historien de l'Eglise américaine. Plus récemment, le P. Hœcker et le cardinal Gibbons se sont fait un nom dans la littérature ecclésiastique. Malgré des lacunes qu'elle reconnaît d'ailleurs volontiers, la presse catholique joue actuellement un rôle des plus importants aux Etats-Unis. Elle possède 158 journaux hebdomadaires, 67 publications mensuelles, 10 feuilles quotidiennes et 6 grandes revues, dont les principales sont le *Catholic quaterly review* de Philadelphie, le *Catholic world* fondé à New-York par les Paulistes et l'*American ecclesiastical review*, publiée sous la direction du grand séminaire de Philadelphie ; cette dernière revue est destinée au clergé et a trait aux sciences ecclésiastiques. Chaque œuvre tend à avoir son journal, les bulletins paroissiaux se multiplient tous les ans. A ce progrès de la presse se rattache intimement l'organisation des bibliothèques et des cabinets de lecture qui font pénétrer dans la société les saines influences de la littérature orthodoxe. A New-York, outre les bibliothèques « circulantes », une collection de trente-six mille volumes est mise par la cathédrale à la disposition de tous ceux qui désirent s'instruire. Dans la même ville, il existe une réunion de censeurs catholiques auxquels les éditeurs protestants eux-mêmes ne dédaignent pas d'avoir recours ;

l'approbation des censeurs est un brevet d'orthodoxie pour les publications.

Les associations catholiques sont un autre point de vue intéressant de cette efflorescence de vie dans l'Eglise américaine. Pour tous les grands intérêts religieux, moraux ou sociaux, il existe des associations qui vont se ramifiant en groupes d'œuvres de toute sorte sur tous les points du territoire. Parmi les principales on compte celles qui concernent la diffusion de la Foi, les *reading circles* mentionnés plus haut, les sociétés de bienfaisance, de tempérance et de secours mutuels, et les associations exclusivement religieuses. Aujourd'hui, il se crée aux Etats-Unis un mouvement puissant de fédération de toutes les associations catholiques. Cette concentration de forces ne peut que donner à l'Eglise une unité et une efficacité d'action de plus en plus universelles qui la préparent à exercer des influences profondes sur le pays.

La prise de possession par les Etats-Unis, en 1898, des anciennes colonies espagnoles de Porto-Rico, Cuba et des Philippines est venu accroître la puissance de l'Eglise américaine en même temps que rendre sa tâche plus difficile et plus délicate. Il est à peine nécessaire de dire ici que le clergé catholique s'était fait un devoir d'intervenir, comme à l'époque de la guerre de sécession, pour le maintien de la paix. Le cardinal Gibbons n'avait pas craint d'affirmer que rien n'exigeait la rupture entre les Etats-Unis et l'Espagne. L'archevêque de Saint-Paul, et Mgr Keane s'empressèrent de seconder la magnanime pensée qu'eut Léon XIII d'exercer sa haute influence pour arrêter, entre ces deux nations, un conflit redoutable. Doit-on attribuer à l'action de ces prélats américains les dispositions bienveillantes du Président de la République envers l'Eglise de ces colonies espagnoles? Lors de la capitulation de Santiago, les instructions formelles du chef du gouvernement américain eurent pour résultat le maintien des droits religieux, le respect de la propriété ecclésiastique, et la protection de tous les édifices du culte.

La conclusion de la paix donna lieu à d'importantes négociations entre le Saint-Siège et les Etats-Unis. La question de Cuba et de Porto Rico fut traitée d'abord directement à Washington entre Mgr Ireland et le président Mac Kinley. Il s'agissait de savoir si le gouvernement américain, contrairement à la constitution des Etats-Unis, continuerait à servir un traitement au clergé. Les premiers pourparlers ne résolurent point la difficulté. Mgr Chapelle, archevêque de la Nouvelle-Orléans, a reçu du Saint-Siège la mission de se rendre à Cuba, afin d'y étudier la question relative à l'administration religieuse de l'île.

Aux Philippines, la plus grande difficulté provient de la situation des ordres religieux. Pour étudier et résoudre les problèmes que soulèvent les intérêts nationaux et les propriétés ecclésiastiques, le président Mac-Kinley confia au gouverneur des Philippines, M. Taft, une mission spéciale auprès du Vatican; le Souverain Pontife, de son côté, constitua une commission de cinq cardinaux, et il fut réglé qu'un délégué apostolique serait nommé pour continuer les négociations aux Philippines. Le cardinal Rampolla a cru devoir féliciter le Président des Etats-Unis de son esprit de conciliation, et exprimer l'assurance que, grâce aux sentiments de mutuelle bienveillance dont s'animaient le Saint-Siège et le gouvernement de Washington, toutes les questions se résoudraient d'un commun accord pour la paix et la prospérité du pays.

L'archipel Philippin est composé de cinq diocèses : celui de Manille avec 1 800 000 âmes, ceux de Cebu avec 1 700 000, de Jaro avec 1 300 000, de Vigan avec 900 000 et des Camarines avec 700 000, ce qui fait un total d'environ six millions de catholiques. L'île de Cuba ne forme que le seul diocèse de la Havane (1). Quel est l'avenir de l'Eglise d'Amérique dans ces nouveaux domaines qu'elle s'est ac-

(1) Un nouveau diocèse vient d'y être créé (1904).

quis ? Le terrain de son action s'agrandit, ses responsabilités s'augmentent. La lutte s'engage au milieu de ces peuplades, entre le Protestantisme qui prétend user de toutes ses ressources pour les détourner de leur soumission à l'Eglise romaine, et le catholicisme qui doit, non seulement les maintenir dans leur Foi, mais les habituer progressivement à une défense active de leurs croyances. La tache est difficile, mais elle stimulera l'ardeur d'une Eglise qui a su vaincre d'autres obstacles.

En face de toutes les agitations dont je viens de parler, à la pensée même de toutes cette activité du catholicisme aux Etats-Unis, on a pu se demander s'il n'y avait pas là un péril. Ne pourrait-il pas se créer dans certains esprits peu sages, des tendances plus ou moins entachées d'un libéralisme condamnable ? La bonne foi n'est-elle pas exposée à être surprise dans l'exercice même du zèle à mesure qu'un champ plus vaste et jusqu'alors inexploré s'offre à l'apostolat ? C'est, en vérité, dans la parfaite conscience du bien qu'ils pouvaient faire que les catholiques d'Amérique accueillirent avec sympathie le congrès de religions, mais n'en résultait-il pas le danger de ne point attacher aux questious dogmatiques l'importance qui leur appartient dans la vie du catholicisme intégral ? C'est sous l'influence incontestée des motifs les plus purs d'apostolat, que se formèrent des opinions opposées sur le problème des nationalités et des écoles, mais l'illusion ne pouvait-elle pas s'infiltrer dans certains esprits que les écoles strictement neutres n'avaient point les inconvénients graves qu'on leur attribuait, et que, d'ailleurs, il était nécessaire de faire des concessions sur ce terrain pour désarmer plus facilement les protestants et leur montrer l'Eglise sous un jour moins sévère ? Si les « chevaliers du travail », par l'action même des évêques américains, avaient été préservés d'une condamnation venue de Rome, et cela dans l'intérêt même de l'Eglise, n'allait-on pas user de trop de condescendance vis-à-vis d'autres

associations dangereuses et affaiblir les principes de
l'Eglise sur les sociétés secrètes sous le prétexte, qu'en
Amérique du moins, elles revêtent plutôt un caractère de
simple philanthropie? Et puis, si les plus nobles âmes, am-
bitieuses de voir l'Eglise en harmonie parfaite avec la société moderne, et en Amérique avec une démocratie légitime, si ces âmes rêvant de progrès universel et de cul-
ture humaine, brûlaient du désir de présenter au siècle
l'Eglise et son clergé revêtus de toutes les distinc-
tions que le monde estime, et dans ce but exhortaient le
corps ecclésiastique et tous les enfants de l'Eglise à la pratique des vertus naturelles, encore une fois, ne se cachait-
il pas sous ces rêves, le péril de laisser de côté les vertus
chrétiennes, et de considérer l'éducation dans les vérités
naturelles comme plus appropriée au temps présent?
Bien plus, par le fait même que le zèle suppose aujour-
d'hui des initiatives, des hardiesses peut-être inconnues
jusqu'alors, des contacts plus intimes avec le peuple,
n'allait-il pas s'en suivre des témérités regrettables dans
les méthodes d'évangélisation, une appréciation exagérée
des vertus appelées actives, au détriment des vertus faus-
sement appelées passives, ne s'acheminait-on pas vers des
opinions moins sûres sur la nécessité d'une direction extérieure, ou sur l'obéissance due à l'autorité légitime? Ne
jaillirait-il pas des tendances vers un individualisme trop
exclusif? ne finirait-on pas par conclure que les ordres
religieux contemplatifs sont devenus plus ou moins inutiles ou que les vœux de religion sont opposés à notre
temps? La séparation même de l'Eglise et de l'Etat ne
serait-elle pas interprétée dans ce sens, que l'autorité civile est absolument indépendante de tout contrôle religieux? En un mot n'entrait-on pas dans une ère de concessions fatales soit aux doctrines, soit aux exigences de
la vie chrétienne? Il faut l'avouer, ce désir intense de
conciliation de l'Eglise avec le siècle, cette ambition de
progrès était inséparable, en Amérique, d'un danger réel :

celui d'une conception tronquée du catholicisme et de tout l'ordre surnaturel.

Au moment même où ce péril s'entrevoyait à l'horizon, se publia en Amérique la vie du Père Hœcker, fondateur de l'ordre des Paulistes, dont j'ai parlé plus haut. Elle fut écrite par le révérend Père Eliott, membre de cet institut. L'éminent archevêque de Baltimore en félicita l'auteur. « Le Père Hœcker, écrivait le cardinal, a été incontestablement un instrument de la Providence pour la diffusion de la Foi catholique dans notre pays. Son esprit a été celui d'un enfant soumis de la Sainte Eglise : un esprit catholique sans restriction et dans la plénitude du sens que ce mot comporte. » En 1897, la vie du Père Hœcker fut traduite en français, elle apparut avec une introduction de Mgr Ireland et une longue préface. Ce fut la source de nombreux malentendus sur les points mêmes ci-dessus mentionnés, et l'origine d'une vive polémique à laquelle la parole souveraine du Vatican vint mettre un terme, en condamnant l'ensemble des opinions erronées connues sous le nom d'américanisme (1). La lettre partie de Rome le 31 janvier, paraissait le 21 février dans l'*Osservatore Romano*. Elle était datée du 22 janvier et commençait par les deux mots *Testem Benevolentiæ* qui serviront toujours à la désigner. « Si, par ce mot *américanisme*, concluait le Souverain Pontife en s'adressant aux Evêques américains, l'on veut désigner certains dons de l'esprit qui honorent le peuple américain, comme d'autres honorent d'autres nations, ou bien encore, si l'on veut entendre la constitution de vos Etats, les lois et les mœurs en vigueur parmi vous, nous ne verrions aucun motif de le rejeter ; mais si l'on emploie ce mot pour nommer et pour désigner élogieusement les doctrines ci-dessus mentionnées, il n'est

(1) L'américanisme pourrait se définir : l'ensemble des erreurs sur l'autorité de l'Eglise, sa discipline, ses préceptes touchant la vie religieuse, sur les méthodes d'apostolat ou sur l'exposition même du dogme, erreurs qui semblent faire du catholicisme dit américain une sorte de protestantisme modéré.

pas douteux que nos vénérables frères, les évêques d'Amérique, seront les premiers à le répudier et à le condamner, comme souverainement injurieux pour eux-mêmes et toute leur nation, car il laisserait supposer qu'il est chez vous des gens pour rêver et souhaiter que l'Eglise fût en Amérique autrement que dans les autres pays du monde.»

Les auteurs et les éditeurs de la « vie du Père Hœcker » adhérèrent, avec un religieux empressement, aux enseignements et avertissements du Chef suprême de l'Eglise. Tous les membres de l'épiscopat, dit « l'Univers », saluèrent cette encyclique comme la pure expression de leurs plus intimes convictions.

Léon XIII avait mis hors de discussion les mérites du clergé d'Amérique et protesté de son affection pour cette partie si belle de l'Eglise catholique. Sa lettre aura fait éclater, une fois encore, l'entier dévouement et l'inébranlable fidélité de l'épiscopat américain à la chaire de Pierre. C'est par cette magnifique constatation d'esprit apostolique que je veux clore ce résumé d'histoire du Catholicisme au Nouveau Monde.

CONCLUSION

LES CRAINTES ET LES ESPÉRANCES

Après avoir parcouru l'histoire de l'Eglise américaine pendant un siècle, il reste évident que ses conquêtes ne tiennent pas au fait purement intrinsèque de l'immigration. Jusqu'à quel point le progrès est-il réel ? N'y a-t-il pas eu des pertes considérables qui pourraient faire douter de l'avenir du catholicisme dans cet immense pays protestant ? Nous avons vu les raisons que Cahensly donnait de sa demande *d'évêques nationaux*. Il évaluait à 20 millions le nombre de catholiques que les Etats-Unis devraient aujourd'hui renfermer. Murray, dans son histoire populaire de l'Eglise catholique, affirme qu'il y a 24 millions d'Irlandais, ce qui supposerait presque autant de catholiques, s'il n'y avait pas eu des pertes immenses. D'après Gil Mary Shea, deux ou trois millions de fidèles auraient fait défection : suivant ses calculs, la population catholique devait s'élever, en 1890, à douze ou treize millions d'âmes. Qu'il y ait eu des pertes réelles, cela se comprend. Les persécutions de la période des lois pénales depuis 1668 jusqu'à la révolution contre l'Angleterre, les scandales et les schismes de certains ecclésiastiques, l'ostracisme auquel la société protestante condamnait les catholiques, le manque d'établissements pour l'éducation de la jeunesse, sont autant de causes qui expliquent la disparition de la Foi chez un certain nombre. Aujourd'hui, toutes ces lacunes se comblent par le seul fait du développement progressif des institutions catholiques. Les conversions deviennent de plus en plus nombreuses. En 1837, les Pères du concile de Baltimore parlaient déjà de nombreux retours de protestants au catholicisme. La liste des principaux personnages revenus à la Foi a été publiée (1) ; rien n'est plus frappant que ce catalogue de notabilités venues de toutes les situations libérales de la société américaine. L'armée, la marine, l'administration, la littérature, les arts, les sciences, le barreau fournissent tour à tour leur précieux contingent (2). On annonce, cette année, la conversion du petit-fils du général Grant, ancien Président de la République. Dans son ouvrage « l'ambassa-

______

(1) Voir *Catholic and protestant countries compared*, par YOUNG, Pauliste, 10e édition. New-York, 1900.

(2) Au lieu d'être seulement la religion des pauvres irlandais émigrés, dit Claudio Janet, l'Eglise compte maintenant partout des hommes du premier rang par leur caractère et leur position sociale, et en même temps elle s'appuie plus que jamais sur le peuple, embrassant toutes les classes, comme aucune dénomination protestante ne le fait.

deur du Christ », le cardinal Gibbons, évalue à 700 ou 800 par an, le nombre des convertis dans le seul diocèse de Baltimore qui n'est pas un des plus populeux, puisque les catholiques n'y atteignent pas le chiffre de 300 000. Selon lui, la moyenne des conversions dans les dernières années du siècle qui vient de s'écouler, serait, pour l'ensemble des Etats-Unis, de trente mille par an. L'apostolat auprès des sectes dissidentes s'est officiellement organisé. La congrégation des Paulistes fondée par le P. Hœcker est, nous l'avons dit, spécialement consacrée à l'œuvre de la conversion des protestants. Un journal, *The Missionnary*, donne périodiquement le compte rendu de leurs travaux et des résultats obtenus. Depuis quelques années se sont aussi formées des associations pour la propagation de la Foi à l'intérieur comme le *Catholic missionnary union*. Son but est de procurer les fonds nécessaires pour permettre aux évêques de destiner des prêtres exclusivement à l'œuvre des missions diocésaines. Cette association existe dans près d'une vingtaine de diocèses. Les missions pour la conversion des protestants se multiplient aujourd'hui. Plusieurs ordres religieux imitent les Paulistes. Ils seront sans doute suivis de plus en plus par le clergé séculier.

J'ai parlé des missions chez les Indiens. L'œuvre d'apostolat s'accomplit aussi pour les nègres. Un journal hebdomadaire, le *Colored Harvest* se publie dans l'intérêt de cette œuvre dont l'annuaire du clergé fait connaître tous les ans les résultats. Il semble vraiment que cette Eglise d'Amérique, consciente de sa puissance tout autant que de ses responsabilités, s'ouvre aux inspirations de l'Esprit apostolique, et c'est là un des plus sérieux motifs d'espérance pour sa prospérité et ses triomphes à l'intérieur. On a vu comment, en 1820, Mgr Dubourg, évêque de la Nouvelle-Orléans, avait contribué à la fondation de l'œuvre de la Propagation de la Foi. Par l'intermédiaire du séminaire de Saint-Sulpice, l'œuvre avait été introduite aux Etats-Unis ; mais elle n'avait pu se déve-

lopper partout, à cause des incessants besoins de l'Eglise
américaine dans la période de son organisation. Le troisième concile de Baltimore ordonna la double quête dont
il a été question plus haut. Depuis lors, l'œuvre de la Propagation de la Foi s'est organisée sur le même pied qu'en
France, au moins dans les principaux diocèses de l'Est, et
promet de fournir désormais d'abondantes ressources.
L'assemblée des archevêques en a confié la direction
générale, en 1897, au séminaire de Saint-Sulpice à Baltimore. L'extension des possessions américaines dans
l'Océanie est venue providentiellement stimuler encore
davantage dans le clergé et les fidèles, les désirs de conquêtes spirituelles des âmes. A l'heure actuelle, se construit
à Washington près de l'Université catholique, un séminaire de missions confié à la direction des Pères Paulistes.

A ces raisons d'espérer que donne la diffusion dans
son sein de l'esprit apostolique, l'Eglise américaine en
ajoute d'autres non moins consolantes. Telle sa forte
unité sous l'apparence même des divisions qui semblent
résulter des diverses nationalités dont elle se compose.
Quand elle était de toute part attaquée et que le schisme
même l'ébranlait par ses bases, elle sut se maintenir intacte et invincible par ses conciles où toute la Hiérarchie
unifiait en un faisceau puissant ses forces et ses lumières.
De cette unité compacte, elle sent de plus en plus le besoin,
en face des difficultés croissantes de sa tâche dans le Nouveau-Monde. Elle l'accentue, la fortifie dans ces assemblées
périodiques des archevêques de tout le pays. Chaque année, en effet, les métropolitains se réunissent pour s'occuper, soit des intérêts de l'Université, soit des questions
religieuses ou sociales qui touchent à la vie catholique et
à la mission de l'Eglise américaine. L'Université elle-même
devient de plus en plus une source féconde d'unité morale.
L'affiliation à cette institution de plusieurs collèges et séminaires de différents diocèses, les assemblées générales
des professeurs des différentes maisons scolaires sous la

présidence du Recteur de l'Université, en provoquant à travers tout le pays une émulation croissante, tendent à faire cette unité d'enseignement qui sera l'une des plus grandes forces du catholicisme (1).

Si nous ajoutons à ce consolant tableau de l'unité de l'Eglise, la fédération générale de toutes les œuvres catholiques du pays pour la défense des intérêts religieux et sociaux, nous ne pouvons nous refuser à conclure que l'Eglise aux Etats-Unis jouit d'une merveilleuse homogénéité, et que par cette union évitant de s'affaiblir à l'intérieur, elle peut se livrer ardemment aux travaux que l'avenir lui prépare.

A parler d'espérances ou de craintes, il faudrait entrer plus profondément encore dans l'intimité de cette Eglise dont je viens de décrire l'évolution extérieure. Je ne puis qu'énoncer rapidement les principaux caractères intrinsèques qui la distinguent.

C'est d'abord l'atmosphère de liberté dans laquelle elle vit. Quoi qu'il en soit des hostilités latentes, des préjugés de certaines sectes protestantes contre le catholicisme, l'Eglise est libre, libre dans le sens vrai du mot. Ce qu'il faut mettre à la base de tout, quand il s'agit du progrès de l'Eglise aux Etats-Unis, c'est la liberté sagement comprise, faite de bienveillance et de respect entre l'Eglise et la République. Qu'il y ait par intervalles, dans une société protestante comme celle de l'Amérique, des soulèvements de passions religieuses, soit ! On en a vu des exemples à travers toute l'histoire du catholicisme, et dernièrement encore dans l'association dite des A.-p.-a. (2); mais « ces

(1) Le clergé américain se préoccupe de la difficile question de l'enseignement féminin. Depuis quelques années, l'usage s'est établi aux Etats-Unis de faire suivre des cours de pédagogie aux religieuses enseignantes pendant les vacances. Une école normale d'institutrices vient de se fonder à New-York. Un nouvel établissement catholique d'enseignement supérieur pour les jeunes filles a été érigé aux portes mêmes de l'Université, sous la direction des religieuses de Notre-Dame de Namur.

(2) A.-p.-a. signifie : Association pour la protection des Américains contre les étrangers.

tourbillons de préjugés violents qui passent à certains moments sur un pays, dit le cardinal Gibbons, semblables aux tempêtes atmosphériques, s'apaisent bientôt après avoir épuisé toute leur énergie. Ce qui brille au-dessus des tempêtes, et perce toujours leurs sombres nuages, c'est le soleil radieux de la liberté. C'est dans son rayonnement bienfaisant que la République américaine se meurt et vit. Voilà l'explication franche des relations amicales entre l'Eglise et l'Etat et des progrès de notre Foi. « Un esprit observateur, disait Mgr Martinelli en 1897 dans une réunion publique, ne peut s'empêcher de remarquer que le merveilleux progrès fait par l'Eglise catholique, dans cette contrée, est dû non seulement aux principes et aux doctrines de l'Eglise, mais aussi aux franchises dont elle jouit dans cette patrie de la liberté ». L'Eglise est libre, libre dans le maniement de ses ressources, dans la création de ses œuvres, dans le zèle de son apostolat ; libre toujours, et capable de plonger dans l'avenir des regards de divine ambition. On condamne souvent, sans avoir égards aux circonstances, le régime de séparation de l'Eglise et de l'Etat. On a mille fois raison quand il s'agit d'un divorce que la malveillance ou l'indifférence produit, mais faut-il en dire autant d'une distinction accentuée des deux pouvoirs d'ailleurs amis et serviables ? Si l'indépendance et la séparation veulent dire le rejet par l'Eglise de toute ingérence indue de l'Etat dans les questions religieuses, et le refus par l'Etat de tout mélange de politique religieuse dans la direction des affaires publiques, est-ce un régime absolument condamnable ? Tel est le caractère propre de la République américaine, et l'Eglise, dans les circonstances où elle s'est trouvée sur le nouveau continent, s'en est réjouie et s'en applaudit encore.

Au-dessus de cette liberté planent le respect mutuel des deux pouvoirs et la bienveillance réciproque de l'un envers l'autre. Les rapports entre les autorités civiles et la Hiérarchie catholique, sans aucun caractère officiel, sont

empreints de la plus sincère cordialité. Les exemples en
sont nombreux. Ne suffirait-il pas de mentionner qu'au
jour anniversaire de la naissance de Washington, en 1897,
devant l'élite du monde politique, en présence du corps
diplomatique et du gouvernement tout entier, ce fut un
archevêque catholique, Mgr Keane, qui prononça le discours de circonstance ? Faut-il ajouter que le Président de
la République lui-même n'hésita pas, en 1902, à accompa-
gner le cardinal Gibbons à l'université des Pères Jésuites
de Saint-Louis, pour assister à la soutenance d'une thèse
de doctorat en théologie, ou que Mgr Spalding fut choisi,
par les autorités fédérales comme membre du comité
d'arbitrage dans les questions si délicates des grèves et
des revendications des ouvriers ?

Quoi d'étonnant que le prêtre aime le régime sous lequel il vit libre, et, par conséquent, puissant pour le bien ?
Mais le clergé sait-il profiter de ces *opportunités* pour
l'œuvre qui lui est confiée ? Problème capital, quand il
s'agit d'espérance ou de crainte pour l'avenir de l'Eglise
en Amérique. Les prêtres américains, sur une étendue de
terrain grande comme l'Europe, ont des habitudes de vie
différentes, selon qu'ils se trouvent dans les pays indus-
triels et policés des côtes de l'Atlantique, ou dans les vastes
déserts, et les pays agricoles à demi-civilisés de l'ouest. Il
faut admettre encore des mœurs divergentes, des apti-
tudes, des idées sociales diverses entre le clergé des Etats
prospères du Nord et celui des Etats pauvres et peuplés de
nègres du Sud. Il est donc difficile de porter un jugement
absolu sur l'esprit du clergé.

Le prêtre américain ne porte point de soutane, mais
son costume est généralement sévère et il ne perd nullement par cette attitude le respect des peuples. Le prêtre
américain doit avoir chez lui le confort que requiert la
situation d'un membre influent de la société, mais son
régime de table est généralement frugal. Le prêtre américain est riche, du moins dans certaines parties de la Ré-

publique et dans les grandes villes, mais il dépense large-
ment ses dollars eu bonnes œuvres, persuadé que plus il
se montrera libéral et généreux, et plus abondantes seront
ses ressources pour le bien. Le prêtre américain est éga-
litaire et démocrate. Il ne comprend guère le culte des
supériorités comme telles, mais il a la conscience de la
nécessité de la discipline pour le bien public, ce qui le
rend prompt à l'obéissance dans la mesure des lois canoniques nettement établies. Le prêtre américain apparaît à
nos yeux comme imprudemment libre dans ses rapports
avec le monde, mais l'atmosphère irlandaise qu'il respire
est chaste et l'éducation des fidèles est faite de confiance
et de vénération qui sont sa sauvegarde. Le prêtre américain semble, au dire de quelques-uns, méconnaître les
exigences de la vie ascétique. La piété, chez lui, ne trouverait point sa place ; s'il en est ainsi, il doit être blamé,
il est condamnable ; mais s'il n'a pas notre forme dé piété,
et qu'il sache pourtant se garantir à lui-même la pratique
sérieuse de la prière et de la vie de Fói, peut-être pourrait-
il reprocher à ses accusateurs de le juger injustement. Il
y a des saints dans le clergé d'Amérique et des apôtres
de la vie intérieure ; les vocations religieuses y sont
nombreuses et le dévouement du zèle sacerdotal y est sans
limites. Dans tous les cas, le caractère propre du prêtre
américain c'est le travail actif, incessant, non pas peut-
être toujours dans l'ordre intellectuel, mais dans les devoirs de sa charge pastorale.

Le prêtre américain ignore les tristesses de la persécution qui paralysent en France tant d'âmes sacerdotales ; il
sent au fond de son cœur tout le stimulant que donne la
sympathie. Il est ambitieux de grouper autour de lui son
peuple. Plus il se donne, plus il est aimé, plus les ressources se multiplient et plus grand est le succès! Quelle
immense activité n'a-t-il pas fallu dépenser pour couvrir
le sol d'Amérique des innombrables institutions et églises,
qui font sa gloire aujourd'hui ! quelles sollicitudes et quelles

générosités se laissent deviner dans ce clergé qui a su créer de si colossales ressources d'argent, et de sympathie ! N'y a-t-il pas là une raison incontestable d'espérance ?

Ce serait une illusion pourtant de n'admettre aucune lacune dans le clergé et les fidèles aux Etats-Unis. Il y a pour l'Eglise américaine des dangers de plus d'une sorte. Qui ne doute que, si le faux américanisme condamné par Rome s'infiltrait dans les âmes, ce serait, à bref délai, la dissolution des forces et la destruction de la vie ! Le naturalisme menace le prêtre et les ouailles dans cette atmosphère toute protestante. L'affaissement de la vie intérieure est à craindre dans ces énergies prodigieuses dépensées à l'extérieur. L'orgueil de l'indépendance pourrait un jour dessécher les sources de grâce. Les influences délétères de la presse protestante, la contagion de l'infidélité ou de l'indifférence, l'antagonisme sourd des sociétés secrètes, sont tout autant de récifs contre lesquels peut se briser l'action du clergé. Quoi qu'on en dise, il y a des défections. Le cardinal Gibbons dans son ouvrage *Our Christian héritage* ne se cache point à lui-même les vices de de son pays. A son regard d'observateur et de prêtre n'échappent ni la corruption progressive du suffrage universel, ni l'extension de l'alcoolisme, ni la plaie grandissante du socialisme, ni les ravages du divorce, mais l'éminent prélat en profite pour adresser aux prêtres les plus pressants appels à la sainteté, dans son livre l'*Ambassadeur du Christ*.

Concluons : Dans aucun pays peut-être l'Eglise n'apparaît plus riche en perspectives d'apostolat fructueux. « S'il est vrai que l'Eglise catholique s'accommode de toutes les formes du gouvernement, dit encore l'illustre archevêque de Baltimore (1), elle s'adapte tout particulièrement à notre système politique et au génie du peuple américain ;

____

(1) Préface du livre l'*Ambassadeur du Christ*.

elle respire à l'aise chez nous, ses initiatives sont puissantes et fécondes, ses espérances, elle peut les concevoir glorieuses ».

Dans aucune contrée, faudrait-il même ajouter, le clergé n'apparaît plus menacé d'une part, et plus efficacement capable de bien, d'autre part. Le prêtre le sait, le fidèle ne l'ignore point. Prêtres et fidèles s'encouragent et vivent d'espérance.

TABLE DES MATIÈRES

FIN DE LA TABLE

Saint-Amand (Cher). — Imprimerie Bussière.

www.ingramcontent.com/pod-product-compliance
Lightning Source LLC
Chambersburg PA
CBHW071330030726
47594CB00002B/616